薩提爾
自我療癒之路

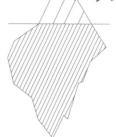

一場關於連結渴望、提昇生命力、
轉化創傷的內在旅程

張天安

著

謹將此書獻給

讓我在薩提爾模式的學習得以整合的老師

瑪莉亞・葛莫利（Maria Gomori, 1920-2021）

CONTENTS

各界好評

天安的書，是學霸的筆記；是文人情懷的生命書寫；是對生命與愛有熱忱的明燈與地圖。閱讀時，像是解開俄羅斯娃娃一般的心情，一層層的往下走，看著人性深處的柳暗花明，峰迴路轉。特別推薦給，想要清理「我不夠好」信念的夥伴，耐心與靜心，讓天安的一字一句引導，撥去雲霧找回真實自我。

——**王理書**（親職作家、心靈書寫、神性排列工作者）

大學時，我與天安參加同一個服務社團，寒暑假會出隊到偏鄉去服務。

幾次在訓練課程中，聽他侃侃而談，讓我感覺到，這個理科人有數理以外的天賦，但我那時難以命名那是什麼。

現在知道了，那是解析心靈的天賦。後來天安去讀了心理諮商研究所，把自己的天賦跟專業訓練結合在一起，一路走到現在。

這些年來，天安舉辦過多次的薩提爾工作坊，我自己去參加過一次，深受震撼。如果觀看薩提爾創辦人維琴尼亞・薩提爾（Virginia Satir）的工作坊影片，可以發現，典型的薩提爾工作坊形式非常古典，講師與學員之間，大體上透過對話溝通。但是天安的工作坊中，除了對話之外，還融合了他所喜愛的其他元素，包括音樂、冥想以及

多變的學員聚合方式，這一切元素組合成以薩提爾為主題的沉浸式體驗，跨越時空，帶領學員一訪自己從過去到現在的生命旅程。

工作坊中，不只是回顧過去，也讓參與者挑戰自己。我特別喜愛書中提到的四個生命提問：

「我真正想要的是什麼？」

「是什麼阻礙了我？」

「這阻礙從哪裡學來的？」

「我可以為自己做什麼？」

我想，理解過去是為了要往未來出發。這本書集結了天安過去這些年從諮商以及工作坊淬鍊的智慧，正是讀者往下一階段生命出發的心靈指南。

——丘美珍（專欄作家、品學堂文化長）

每個人的生命都可以是一場豐盛璀璨的療癒旅程！

在其中，我們會從不知道自己是誰的渾沌，尋尋覓覓找到自我，如果足夠幸運，說不定有機會可以將內在的混亂和虛無，轉化為亮麗的瑰寶，進一步來體現自己獨特精彩的生命力！

與天安一起學習薩提爾模式已二十多年，我在他身上見證了這個美好的成長與蛻變，也讚佩他願意分享多年來個人和專業實踐所提煉出來的精華，讓所有想要突破困頓、找到自我的讀者們，也能從書中開啟個人的療癒之旅，為自己的生命找到曙光與希望。

——成蒂（資深薩提爾模式婚姻家庭治療訓練與教學導師）

生命在此轉折，航向薩提爾的國度

教育工作者、資深薩提爾講師　**李崇建**

　　我與天安相識於1998年，我們同時在山上任教，他為理念我為謀生，他教數學我教文學，有一段共同的美好時光，學校的創辦人離開之後，我們兩人也先後離職，至今已經二十四年過去。

　　因為薩提爾模式，我們各自的生命改變了，也因而繼續有聯繫。我們曾一同至星、馬、港、陸、美國與臺灣各地分享，也因此共同合作課程，天安是我學習、熟悉與發展薩提爾模式的重要夥伴。

　　我永遠記得2000年左右，天安開車載我下山，聆聽薩提爾導師約翰·貝曼講座，傍晚開車回山中的路上，我們心裡都非常激昂，內在都變得很柔軟，交流對薩提爾模式的體會。

　　當時，我們都不知道，彼此的生命在這兒轉折，將航向另一個國度，無論是心靈或者生存方式。

　　我與天安決定深入學習，參與約翰·貝曼的教導，為期兩年的專業訓練。

真誠的學習者

天安的薩提爾之路，始終認真且勇敢，一直是我學習的典範。

在貝曼老師的課堂上，天安以自己為主角，請貝曼老師示範對話，初次體驗雕塑的力量，至今我仍記得那個畫面，天安身為養子的生命，父親嚴格的教養方式，影響了他內在的能量。

天安在歷程中重整，那一幕我難以忘懷。

我感到驚訝與痛苦，原來，人的生命受過去影響巨大，一個人思考的方向、內在的困惑不安、身體的煩悶焦慮、心靈是否安然與和諧，與生命經歷息息相關。

我從天安的身上，看見他的真誠坦然，體驗自己的情緒、觀點與期待，重整自己的生命歷程，看他在舞臺上經歷困惑，經歷痛苦與生命的繽紛，如今想來，彼時天安彷彿以身證道，體驗生命的重塑與成長，我深信這也是他的養分，成為他日後帶領雕塑的底蘊。

我與天安結束貝曼的專訓，天安又投入另一個專訓，對天安影響更是巨大。他投入另一位導師的教導，同時也是我的老師瑪莉亞・葛莫利，亦是薩提爾成長模式治療大師，我只短暫跟隨瑪莉亞，天安則是長期跟隨老師，學得瑪莉亞老師的神髓。

薩提爾女士開發了不少方法，協助人們覺察與整合自我，她的弟子遍布全世界，其中貝曼擅長冰山探索，瑪莉亞擅長家庭雕塑呈現。天安師從貝曼學習冰山、家庭系統與對話，更師從瑪莉亞深入雕塑，跟隨她長達數年時間，頻繁的往返兩岸，擔任瑪莉亞老師的助教，習得瑪莉亞雕塑的神髓，認識家庭系統豐富的面貌。

我偶爾和天安通電話，他分享自己的新領悟，家庭雕塑如何進行？薩提爾脈絡如何展開？資源整合的先後次序，也介紹我新的學習資訊。

天安離開了山中學校，投入專業的助人工作，他進入輔大心輔研究所，師從夏林清學習行動研究，他的助人工作面貌更豐富，也更靈活運用薩提爾模式。

薩提爾模式的歸納與整合

天安曾是數學老師，他善於歸納整合知識，並且清晰講述來龍去脈。因為薩提爾模式著重體驗，天安在工作坊帶領活動，都是讓人體驗生命的能量，學習辨識過去與此刻，重新整合自身的資源，從中體驗新的生命觀點，從生命全貌中看見新圖像，新的生命就此誕生。

但薩提爾模式落在文字理解，一般的書所傳達繁瑣，不易精簡傳遞核心精神，但天安浸潤多年且長於整合，這本書天安化繁為簡，將觀念歸納非常清楚，讓初學者一眼即能懂脈絡，讓資深學習者更懂概念，更知道如何說清薩提爾模式。

天安本書的起手式，從「探索內在，準備自己」開始，以療癒自己為主軸，帶出生命的圖像與目標，他以身、心、腦的三把鑰匙，展開人如何存活的兩個方向，導入如何看待一個人，指向人如何活出生命力。

天安繼而表述覺察姿態，姿態形成的原生家庭，從家庭裡形塑的冰山，冰山底層人共有的渴望，最後整合自身的資源。

書中的鋪陳次第分明，一步步示範生命的變化，人可以如何走向完整的自己，相信薩提爾的學習者，當會對本書發出讚嘆，天安拉出一條軸線呈現薩提爾模式，書中辯證自我照顧的概念，也清楚陳述療癒的方式，只需一步一步照著做即可，如此造福了想要自我成長者。

同時，此書也造福薩提爾模式講師，在各個脈絡的講解與落實，天安毫不藏私的詳細記錄，要怎麼做的方法，以及為什麼要這麼做。

自我療癒與體驗的呈現

除了概念清晰之外，天安在此書實例講解，讓讀者能夠跳出概念，看清該如何落實，理解體驗性在歷程中的發生，會是什麼樣的面貌？相信參與過工作坊的夥伴，會更清楚歷程如何發生；沒有參與過工作坊學員，可能會覺得神奇有趣，可以此作為一個參考，理解體驗性與文字之間距離。

除了體驗性之外，天安以案例詳述示範，比如一致性的應對姿態，很多書與教學者未示範「如何一致性」，天安重述基本的應對姿態，展示基本情境下的一致性應對，我相信會讓學習者覺得清晰。

在家庭圖與資源整合一章，天安簡約卻精緻表現，示範家庭圖如何繪圖？家庭年表如何操作？閱讀者當一目瞭然，若是照著書中步驟，一步步繪出自己原生家庭圖，去看家庭圖裡每個人的冰山，並且重整自己的冰山，將如同上了一場工作坊，很有機會拉出全貌的看見，那將會是一個新的視野，帶領人重新看見家人與自己。

天安在薩提爾模式的學習，也帶入了不少自己的創意，我最印象

深刻的是與「幼年自己對話」。我向來不主張自我對話，因為，若還未練習深化感受，進入深層次的體驗，自我對話常是小我的戲碼，跑完冰山或對話完，只是理解了某個狀態，並未帶入深層的自我療癒。

但是天安將雕塑的技巧，與童年自己的連結，帶入了冥想式的對話，這其中有一個基本問話模式，讀者只要把握此基本脈絡，便能運用與自我對話，將帶來深度的自我療癒，也將體驗生命力的湧現。

薩提爾模式的傳承者與創造者

天安與我學習薩提爾模式，我們同時師事兩位導師，也以薩提爾模式為核心，發展出屬於自己的洞見，活出自己的生命歷程，在各地推廣薩提爾模式，融入與整合不少創造性。

薩提爾女士創發的成長模式，所影響者成千上萬，她的學習者在各地教授，我有幸遇過幾位薩提爾女士海外的學生，以我短淺的認知與眼界，認為薩提爾最出色的教學者，是貝曼老師與瑪莉亞老師，在華人界也影響眾多生命。

我與天安跟從兩位老師，都轉化了生命的內涵。但天安長期師事瑪莉亞，體驗生命的深刻轉化，習得精深的帶領技巧，天安幾乎已得老師真傳，起碼習得百分之八十以上功夫，而我的學習不到百分之三十，我至今仍然常向天安請益。

我認為天安是典範，是薩提爾模式的創造者，也是薩提爾模式的傳承者，如今他將其洞見寫成書，對所有探索美好生命，所有薩提爾學習者，都是巨大的福音，我也從中學習良多。

在閱讀此書的過程，我腦海常飄過一個畫面，那是西元 2000 年的傍晚，天安開車載我回山中，我們買了一袋素食，在回山上的途中分食。那晚我難得沉靜下來，感覺與天安心靈靠近，交流了不少內心的話，我難得與自己相處，停在當下接觸自己，那應是我轉變的契機之一，從此我決定學習薩提爾模式，步入靠近自己的旅程。

　　當時天安與我的一段路，如今想來如此夢幻，在我生命中成為寧靜畫片，我充滿感激與深刻感。如今讀者閱讀天安此書，也許也會如同當年的我，踏上薩提爾的探索之旅，活出更精彩美好的人生，也能創造更美好的關係。

薩提爾模式的最佳攻略

長耳兔心靈維度創辦人兼講師　**李崇義**

我與天安的合作甚久，有幸參加過很多場他帶領的工作坊。

某次工作坊裡，天安在現場引導了一段冥想，他利用想像的空間疊加顏色變化，讓學員們去體驗黃色、紅色、黑色的空間分別帶給他們什麼樣的感覺、刺激。

在那次冥想後，當中一位女學員舉手提問，她問道：「老師，當我在冥想的時候，我發現我在黑暗的空間特別的恐懼，每每有種深陷其中無法自拔的感覺。」

「老師，我這樣是正常的嗎？」學員用著顫抖的聲音發問。

「妳說深陷其中無法自拔，可以多解釋一點嗎？那是什麼樣的感覺？」天安看著學員詢問道。

女學員沉吟了一下，回覆道：「就好像黑暗之中，有好多隻手拉住我的腳，不斷往下拖。」

學員描述完這個場景，突然全身發抖，一陣暈眩，眼看就要昏厥。

我趕緊上前拉著學員的手，讓她有個支撐的力量，而天安則拉著另一隻手，沉穩地看著女學員。

那一股安穩的力量發自他的掌心，傳遞到學員的身體裡，支持了她持續站立著，也影響著我的內在，我頓時感受到在這個場域裡，有天安的存在是一種安全的磁場。

　　天安壓低了聲音，緩慢、堅定地對著女學員說：「妳看著我。告訴我，妳的名字是什麼？」

　　女學員悠悠地緩過氣來，開始與天安應對。

　　在幾輪對話之後，女學員漸漸找到她的力量，身體不再晃動，眼神開始凝聚，很明顯地可以看得出來她找到了可以依靠的「安全島嶼」。在這個狀態下，女學員才開始陳述那個不安的場景，以及描述恐懼是怎麼被喚起的。原來，在黑暗空間的體驗讓她聯想到過去被家暴的場景，這個體驗重新激發了體內的一種解離機制，而這也是她長久以來的生存法則。

　　我同時也看見了天安的沉穩力量，是如何帶給學員們一種安定的氛圍，這也是他長期以來鑽研薩提爾模式給他帶來的強大內在能力。

　　除了領略他的授課風采之外，近年來我看著他遭受病痛的打擊，從痛苦、絕望到沉著應對，這無一不顯示出他身體力行，將腦、身、心連結作為自我改變的三把重要鑰匙的實證。他曾經在課堂說過，宇宙萬物皆有靈，因此我們需要帶著謙卑之心，感受萬物的存在，接納各種不同的狀態，這也是他學習之路上重要的課題。對於這些外在的衝擊與挫折，我看到天安都能先做到臣服與接納，也體現出薩提爾模式的核心信念，去體驗自己的內在力量，感覺到一種完整與踏實，逐漸成為自己生命的主宰。

　　我很高興見到天安終於將所學匯集成冊，在多年授課之後，真所

謂千呼萬喚始出來，他對薩提爾模式擁有獨到的見解，在日常授課之餘還能夠把精華之處編纂出書，我讀完有種「練了一圈九陽真經」的痛快感。

　　天安很清楚地在書中提到，認識自己的原生家庭有助於了解「這樣的我是如何形成的」。轉化原生家庭經驗，能讓現在的你更有選擇、更有力量、更加完整，這也是天安從自己親身的體驗歸納出來薩提爾模式最佳的轉化證明。

　　天安這本《薩提爾自我療癒之路》，不啻為熟悉薩提爾模式的最佳攻略。

薩提爾學習者自助路上的一盞明燈

香港沙維雅中心創辦人之一、資深培訓師及工作坊導師

沈明瑩

有幸認識天安二十多年，他一直都努力追求生命成長，熱愛生命和「知行合一」，這本書所述的，就是明證。

還記得在薩提爾路上與他初相遇，他一直都在追尋生命的意義，因著他過去的成長經歷，他本以為自己活在世上，只是當作送給人的禮物，直到薩提爾大師 Maria Gomori 雕塑他的原生家庭，他體驗到自己生命的豐富和被多人所愛，毅然辭去老師的工作，修讀六年的輔導課程，決心成為輔導老師，實行「以愛還愛」，幫助追求生命成長的人！在 Maria Gomori 的課程裡，天安出任小組導師時，往往鍥而不捨地為組員工作，直至他們有所發現和得著才歇止，即使工作到深夜，他也願意！他如實地實踐「愛」！

在薩提爾的路上，他不但用功且充滿好奇地學習，更將所學的實踐在他的生活、他的人生裡，他的實踐經驗豐富，值得作為追求生命成長的人的參考和指引！

此書記載了天安實踐薩提爾的點點滴滴，及相關的理論和練習，相信這可成為讀者在自助路上的一盞明燈！

發揮堅實茁壯的力量，
重新塑造自己

台灣薩提爾成長模式推展協會名譽理事長、精神科醫師

林宏川

我認識張天安老師多年，欣賞他的聰明睿智，具快速掌握問題核心的長才。我們曾經多年一起向大師學習，他是薩提爾模式的傳承實踐者，是教學的佼佼者，也是成熟的心理諮商治療師，帶領主持大型心理成長工作坊功力甚佳，累積豐富的助人工作經驗。

在我的臨床門診工作上，接觸到諸多來訪個案，不論年紀，以及帶來的主訴為何，總常帶著某些程度的心理困擾，包含與周遭人物發生的人際問題，不論是與誰，例如家人、同學、師長、朋友、伴侶、同事、主管等等，面對各樣人之時，可能產生關係不和諧與衝突，不知如何處理和因應，之後反噬而對個人造成更大的衝擊壓力。

從家庭治療理論的角度而言，人的症狀問題衍生於人際互動當中，即是與周遭系統長期反應振盪之下，對我們造成很多的影響。尤其是早期生命經驗，兒童青少年成長過程中，深受家庭和學校系統影響，特別是從原生家庭的模塑中，建立了我們對人的看法，對這個世界的看法，以及對自己的看法。不知不覺中，把從家庭中學習到和受

影響的溝通樣式，投映到個人之外，變成與人人際互動的溝通姿態，直到成年都仍帶著來自孩提時代的影子。

　　維琴尼亞・薩提爾女士是世界知名的家族治療師，她明瞭家庭如何塑造人，人是從家庭中長出來的，人的一切行為、態度、情緒反應，都受到家中長輩言教與身教的影響，原生家庭經驗會長遠地影響個人的人際、伴侶與親子關係。薩提爾女士主張，成年人仍可以檢視知覺自己在十八歲以前，來自家庭的學習經驗和所受影響，重新改變自己，解構早期所受的負面影響，讓心理更健康，就能調整創造出與人良善關係，這是一個心理成長的機會，這是自我療癒。

　　就算覺察出深藏於心，自過往對家庭仍一直抱持有未滿足的期待，也能重新去看待處理。能放下對父母過多理想化的投射，放下父母親，也要饒過自己。試著化解執念：「父母親要改變，我才能好起來。」不用站在受害者角色：「我今天這樣子，都是父母害我的。」成年人的力量是堅實茁壯的，有待把它發揮出來，站在成年人的格局高度重新見到，父母也是人，平凡的人，薩提爾的信念之一說：「父母親是關愛孩子的，但他們會重覆於代間傳承習得的失功能型態」，去教導下一代。

　　張天安老師熟練運用薩提爾模式，以助人為職志，他提供的工作方式能讓人很深度的面對了解自己，同時又掌握易懂易學的巧門，從而改變自己和想改善的問題。他在諸多地方所舉辦的心理成長工作坊，報名常常秒殺，深受參加過學員的認可和推薦。

　　這本書的內容豐富，功用鮮明，天安老師提供他多年豐富的學習經驗，真實獻曝，實在善念。適合對自己內在心理好奇，有興趣想更

多認識的人，藉由按部就班所提供的步驟和途徑，不斷的去接觸自己的內在經驗和感知，給自己一個沉澱和靜念的空間，彷彿藉這自我修煉的心法，重新認識自己，體會身為人的本質，深刻統合自身所擁有但常忽略的正向資源，能夠去到作者帶領讀者所要體驗到的人之圓融存在。

細細品味這本書，適宜供作個人閱讀逐步進展，或小團體的讀書會，可以當做操作工具書，有「知」的學習和「行動」歷程，循序漸進，按部就班，大有所成，就達到知行合一的成果，就如薩提爾的信念之一所說：「改變永遠是可能的」，向您推薦這本雋永實用的好書。

薩提爾精神：開放、連結、一致性

台灣薩提爾成長模式推展協會理事　**楊志賢**

　　欣見天安老師將他生命成長的心法整理成書，無私地奉獻出來，提供有心循著薩提爾模式追尋生命成長的後繼者得以按圖索驥，省去很多在學習途中的迷惘與不必要的冤枉路，單就這點，天安老師可說是功德無量。

　　天安老師是個別化自主學習的踐行者，早年天安老師曾是全人中學的數學教師，對於學校中一個個頭角崢嶸的青少年，體制教學中的教本課綱完全不適用，天安老師淬鍊了因材施教、啟蒙引導的教學法，最終的目標是幫助對方自學成長。現在，天安老師完全將個別化自主學習的精神與方法應用在薩提爾自助助人的學習上，並且加以發揚光大。

　　天安老師在薩提爾成長模式中自主學習的歷程，我可以說是見證者，我有幸在許多次與天安一同赴外地擔任瑪莉亞・葛莫利大師的工作坊小組導師時，與他同為室友，見證了他夙夜匪懈的學習精神，在經歷一整天的大堂學習、小組練習後，天安總會在晚上表定九點結束後，自動加課為需要的學員做個別化的協助，回到寢室已近半夜，他還繼續孜孜不倦地為小組內每一位學員整理跟進的個別學習計劃，

所以我幾乎不知他入睡的時間，或是我半夜醒來時，他會不好意思對我說：「抱歉吵到你了。」天安就是這樣不斷精進地學習，同時他也將這樣的精神應用在他自己帶領的各種形式的薩提爾模式成長工作坊中，這本書可以說是天安老師在薩提爾生命成長模式中自主學習、教學相長的心法寶典。

在我看來，這本書涵蓋了天安老師生命經驗中的三個面向，第一個面向是他獨特的生命經歷，包括早年對生養兩端原生家庭的雙重認同、全人中學自主學習教學能力的涵養、輔大應心所生命敘事的整合、薩提爾生命成長學習歷程的向內在開放及內外一致性、婚姻關係中親密的經營、靈性精神的臣服，以及近年來面對重病的生死交關等生命體驗；第二個面向是天安老師對薩提爾生命信念的認同，薩提爾女士認為我們都共享同一個宇宙生命力，每個人都是宇宙生命力的獨特展現，每一個人都是生命的寶藏，擁有生命成長所需的一切資源，所以我們可以高自我價值地認可自己的生命，與別人連結，一致性地運用自己。天安老師就像薩提爾女士一樣樂於分享自己對生命力的體驗，對人性的接納與了解，對成長的信心。第三個面向是天安老師將他數理的涵養融合在薩提爾的概念理解中，他藉由一個個類似幾何的圖示，讓我們能清楚地把握薩提爾成長模式中重要概念的相對位置以及彼此的關係，雖無法馬上到位地一目瞭然，但有所依循地按圖索驥自主學習，只要追尋生命成長的有心人鍥而不捨，總有一天也會形成屬於自己對生命理解的全像圖。

（本文作者為台灣薩提爾成長模式推展協會理事、
臺灣心理治療學會前任理事、臺北市立聯合醫院和平婦幼院區精神科主任）

學習薩提爾模式的歷程

在我國中時期，面臨了一個心理上的轉捩點。可能是幼年時期父親嚴格管教所造成的壓抑，再加上為了升學考試而讀書的苦悶，我常常出現負面的想法，容易陷入悲觀、憂鬱的狀態，心裡非常的不快樂，感覺自己像是往大海的深處下沉，一直不見底……。在近乎絕望的同時，內心也湧起了一股求生的意志，意識到再如此下去，未來一定更沒有希望。於是，我做了一個決定，一定要改變自己！從此，「瞭解自己」成為我成長過程中非常堅持的重要方向。

當時，我先找了一些勵志的書籍，透過格言式的信念支撐自己，強迫置換悲觀的想法。上了高中的我，隻身在外讀書，常到書局尋找心理學、宗教、靈性相關的書籍，想透過自助的方式解決自己的情緒問題。到了大學，透過閱讀以及社團中的理性對話與情感連結，我開始分析自己的想法、質疑自己的信念，剔除不少來自過去家庭教養與學校教育所填塞與規訓的非理性信念，並留下自己仍能認同與堅持的部份。這樣的「堅壁清野」，在某種程度上解除了家庭及社會道德的規條對我的壓制，抒解了許多負向情緒，但對於比較深層的悲觀情緒，仍無法有效解決。

從事教育工作之後，我涉獵了許多教育與心理方面的知識，有很

長的一段時間，我鍾情於卡爾・羅哲斯（Carl Rogers）的理念，期待自己對他人能做到「真誠一致」、「無條件的接納」與「同理心的瞭解」。後來在山中學校和一群老師組成學習團體，共同學習TA溝通分析、敘事治療……等不同學派，希望自己突破瓶頸，更能瞭解自己與協助學生。

當時，在同事張瑤華先上了薩提爾模式的兩年專訓之後，向我們推薦了課程，李崇建、何文綺和我就決定去參加了。此後的十多年，陸續領受了薩提爾女士的兩位重要弟子約翰・貝曼（John Banmen）及瑪莉亞・葛莫利（Maria Gomori）的教導，親眼目睹以及體驗到學習歷程所帶來的成長與改變，對我而言是極具震撼性的經驗。

約翰・貝曼是我在薩提爾專業學習上的重要啟蒙老師──尤其是在「冥想」和「冰山」上的學習。「冥想」的體驗讓我驚嘆，原來我是可以主動的調整自己憂鬱、低潮的狀態，並提昇自己的能量與活力！「冰山」則讓我用不同層面去觀看、檢核自己內在各個層面的轉變，以及是否能一致性，提醒自己擁有這些部分並為自己選擇及負責。更重要的是，從這種方式去看自己，會感覺到自己的完整性，對於人性負向的部分採取接納而非批判的立場，並可將其轉化為正向資源予以運用，讓我十分感動，內心的乾枯受到了滋養。

瑪莉亞・葛莫利讓我深入體驗了原生家庭對我的影響，並能夠加以轉化。尤其，在後來十年間，我成為輔助她帶領工作坊的小組老師，因而整合了之前的專業學習，同時，她的一致性以及堅持每個人都要看重自己的示範，都形成我日後帶領團體課程及工作坊時最重要的基礎。

我生命中有兩個重要議題，其一是我在大約十歲時發現自己是養子，讓我對於自己的生命意義與價值，有著極大的困惑。當時參加了瑪莉亞的轉機工作坊，她聽到了我在尋求生命意義的背後，所透露出的虛無跟困惑時，替我做了一小段的家庭雕塑。在我內在的圖像中，正經驗著在養父母與生父母之間拉扯的為難與沉重時，瑪莉亞看著我的家庭圖以及雕塑卻說：「這真是一個美麗的圖畫！」「你是被兩個王國的國王與皇后集寵愛於一身的小王子啊！」我對這樣的觀點感到訝異，奇妙的是，我內在圖像的顏色開始蛻變，打開了進一步探究的可能。「小王子」成為一個重要的隱喻，代表了我對自己生命經驗的重新認識與看重。

　　另一個重要的議題，就是父親的嚴格管教，形成了我對自己的貶抑與批判，讓我時時感覺到低潮與憂鬱。透過長時間對原生家庭成長經驗的梳理，分清現在和過去的糾纏，在逐步累積了雕塑與自我對話的學習後，我轉化了內在「法官」，成為對我有支持與提醒作用的「觀察者」。

　　總之，薩提爾模式改變了我對自己的看法與體驗，也讓我整個生命大幅度地朝向正向轉變，同時，它成為我專業學習的「家」。在涉獵了許多不同的學派，就像是出外旅遊、增廣見聞之後，我總是會回到家進行沉澱與整合。

寫這本書的用意

　　從進入薩提爾模式兩年的專業學習（2001到2003年於呂旭立基

金會）之後，我開始在教師生涯之中學習使用這樣的工作方法，雖然過程跌跌撞撞、斷斷續續的，但始終沒有放棄。我進入輔大心理所（2003到2009年）學習了行動研究和社會實踐之後，成為了諮商心理師，也開始帶領工作坊，在將近二十年之後的今天，總算對於薩提爾模式有了一定程度的理解與運用。

這幾年較為頻繁的帶領薩提爾模式工作坊，分享我在薩提爾模式上的學習，從學員的回饋當中，我越來越明白自己可以怎麼樣分享，對學習薩提爾模式的朋友是比較有幫助的。於是，我整合自己的經驗和思維，逐漸形成可以說得明白的語言和隱喻，也慢慢的累積了我自己的教學架構。

有些朋友問我何時出書？何時可以出冥想的錄音？我都常回應時間還沒到，或是沒有時間。在2020年1月25日，那年農曆春節的大年初一，我在清晨做了一個夢，似乎預示我該採取行動了！

這一個時間點很特別，不僅是我成立沃土心理工作室，也是全球疫情撲面而來的開端，更是我賴以為生的聲音開始沙啞，接連後續發現重大疾病、治療與復原的過程。我覺得自己真是幸運，薩提爾的學習讓我更能接納自己的現況，並為自己採取行動，朝向更好的方向前進。而這幾件事情同步的發生，讓我有更充裕的時間休養生息、進行療癒，也同時開始將過去的學習和心得化成文字。

我打算用一個學習者的角度，分享我自己的學習，透過這一系列的文字，說明我整合出來的方法與概念。但也請閱讀的朋友明白，這樣的分享比較是在「腦」（邏輯、思維的隱喻）中的理解，後續還需要在「心」（情感、情緒的隱喻）裡的體驗與轉化，以及之後不斷的

在「身」（身體與行動的隱喻）上的練習與實踐！

只有在「腦」、「心」、「身」這三把鑰匙同時開啟的情況下，才能創造真實而穩定的「成長與改變」！

如何運用這本書

這本書是以工作坊的學習歷程，作為參照的架構。即使你沒有參加過工作坊形式的學習，也可以想像這是在工作坊中進行的體驗，可能會對於這樣的學習形式，有更多身歷其境的參與感。

第○部「**探索內在，準備自己**」是一個先歸零，再為後續的薩提爾學習做準備的階段。

第1章分享學習在認知、情感／情緒與行動三個層面整合的重要性，第2到4章是以薩提爾模式看待「人」、「生命」、「自己」的信念和眼光，這是最重要的學習基礎，後續的學習方法都服務於這樣的精神層面的信念與核心價值。第5章是標示後續學習過程中，將會發生的內在學習歷程，鼓勵閱讀的朋友以這樣的主動性來學習。

第一部「**認識自己，姿態覺察**」是薩提爾學習的起手式，是進入第二部原生家庭和第三部冰山隱喻的共同基礎。

第6和第7兩章透過概念與體驗，讓學習者更能覺察自己與他人行為背後的狀態，對於可能深陷其中而產生即時反應的情況，保持適當的距離，爭取停頓和選擇適當回應的空間。第8章則聚焦在相對於四種溝通姿態的另一種新的學習和選擇，可以如何一致性的表達。第9章想要平衡四種溝通姿態的印象，看見過去為了求生存而產生的資

源，並引用新的角度看見自己從中產生的能量狀態。

第二部「**追本溯源，原生家庭**」提供了瞭解「家庭如何塑造人」的方法，回顧生命中的重要經驗，並轉化它們的影響力，也是更深入了解第三部冰山隱喻的來源與基礎。

第10章使用「文化基因」的隱喻，來說明過去成長經驗（尤其是原生家庭）的影響力。運用「原生三角圖」、「原生家庭圖」以及「家庭生活年表」，用「關係」、「個性特質」以及「事件」等時空交錯映照的不同角度，來探索每個獨特的生命所受的影響力。這章份量很重，值得親身體驗和練習！第11章則是用我親身經歷的「洗碗」議題，回應上一章無所不在的影響力，看起來很小的爭執卻連結了親密關係雙方的深層渴望。第12章則分享轉化過去影響力的方法：「和幼年的自己對話」。此法看似簡單，卻也非常深入而重要，我親見許多朋友運用此法產生生命重大的轉變。

第三部「**走進冰山，體驗渴望**」的冰山隱喻是很多朋友甚感興趣的內在架構，尤其想將其運用在與他人的對話之中。如能落實第一部和第二部深入自己生命經驗的學習，就能更了解它的內涵，更自然的運用。

第13章是用第一人稱「我」的角度去認識冰山架構，而回到前面第2章是用「生命力演化」的角度看冰山的形成。第14和第15兩章是循序漸進的瞭解與演練冰山架構的基礎方法。第16章則是冰山得以轉化與流動的關鍵，探問與連結生命中的渴望。第17章針對前一章「從期待進入渴望」的可能阻礙予以說明，將會循線連結到生命的重要議題，並可以再度運用第12章「和幼年的自己對話」轉化這

樣的阻礙。第18章呈現一個看似非常微小的親子互動，卻運用冰山連結並轉化了深刻的生命議題，是相當具有普遍性的案例。

第四部「**擁有資源，整合自己**」是本書學習的整合過程。看見自己生命力所演化的豐厚資源，以及方法架構與自我狀態的整合。

第19章運用「學習地圖」四個主要提問，釐清自己所在位置和方向的學習歷程。第20章用另一種方式探索家庭圖，連結主要的內在資源。第21章接著提供轉化負向資源的方法，看見一切生命經驗都有其正向功能。第22章接續前兩章更全面性的認識與整合內在的資源。

最後的冥想「整合過去、現在、未來的自己」以及結語，提供不同的體驗和視角作為參考，整合過去、現在、未來混合著不同時空的自己。

感謝

我一直很想感謝，過去協助與陪伴我一路走來的師長、前輩與同儕。

王理書老師是我在心理成長的學習過程中的重要啟蒙者，從她當年深刻而巧妙的引領過程中，樹立了我心中助人者的典範。

輔大心理系的夏林清老師，讓我從自身經驗中拓展了看見不同社會條件中的生命情境，在我心中加重了社會實踐的自我期許。而翁開誠老師提醒了我，助人者將傾聽每個獨特生命的美感，視為最重要的價值。當時我的同學們也以他們的生命歷程與工作方式，為我示現了

實踐者的風範。

在薩提爾學習的領域中，除了約翰・貝曼和瑪莉亞・葛莫利兩位老師外，眾多的前輩和同儕以不同的方式滋養著我。張瑪如老師不僅是我專業學習的三人小組老師，更在我帶領工作坊的初期，給予我實習的機會，獲得了鼓勵和啟蒙。成蒂、陳桂芳、吳貴君、許麗月、張意真、李島鳳、李慧賢、釋見曄、黃碧珠、林宏川、楊志賢……等多位老師與前輩，接納我成為和他們共同學習的同儕和好友，有著非常多美好與感動的時刻！趙素麗、鄭淑惠、張惠華以及陳茂雄……等老師也是當年學習的同儕，至今仍或近或遠的連結著。

有機會跟隨這些前輩和同儕領略瑪莉亞老太太的身教，也因而連結了大陸共同學習的同儕們以及課程的主辦方，開始拓展了我在華人不同地區的分享，而這些各地參與課程的學員們，以他們的生命歷程滋養與豐富了我的專業學習。

王鳳蕾老師當年登高一呼，成立了台灣薩提爾成長模式推展協會，讓我們有個共同學習和奮鬥的家，至今仍讓我感念，並承諾自己在花蓮持續分享學習。她的好友兼離世前的照顧者曾志文老師，充滿熱情與關懷的連結也支持著我。沈明瑩老師從最成熟而美妙的大師翻譯者，讓我跨越英文聽力的困難，養刁了我的耳朵，也變成我的老師以及學習的同儕，真的是一路看著我長大、支持我持續學習的前輩。而許久沒有連結的賴杞豐老師，早期給了我很多的關懷和啟發，至今感懷在心。

老鬍子程延平創立全人青少年學校，他創造了開放性教育場域，以及自由、創意的示範，開啟當時學生的成長空間，也讓許多教師們

自由地發展自己。張瑤華老師從同事成為學習同儕，相互支持和陪伴二十多年積累了革命的情誼，沒有她，李崇建老師和我可能不會踏進薩提爾的大門。李崇建老師除了是一起學習的夥伴，也由於他後續的發展以及慷慨大方的提攜，讓我有更多機會發展自己的路徑，近來仍能一起開課和交流，感受到朋友間的信任與溫暖。

謝謝采實文化的工作團隊，尤其是編輯洪尚鈴用細膩、溫和的方式，允許我可以用自己的速度緩慢的前行，她組織並操持著出書相關的進度，讓本書以更加完整而美好的方式呈現出來。

丘美珍從學校社團的學妹，到後來成為持續連結的好友，以她出版和媒體的相關經驗支持著我在游移和困惑時，得以安穩前進。游恆懿醫師夫婦組成的醫療團隊，成為我和太太最好的健康顧問，讓我可以順利的面對重大疾病的衝擊。

最後，我的太太對我的照顧、支持與陪伴，以及彼此之間的親密，讓我可以確信自己不管有什麼樣的發展與成就，都已經得到了此生無憾的感動與滿足。

PART

0

探索內在，準備自己

準備好自己的狀態，進行一趟學習自我療癒的旅
程。在出發之前，預備好自己的行囊，像是：認
識改變的關鍵、了解薩提爾的信念以及主動學習
的歷程……等，會更能在旅程中有所體驗而收穫
豐富。

1

創造改變的三把鑰匙

　　很多朋友在學習心理學的技能，將其應用在改變自己、改善人際關係、用於親子教養或是班級經營時，常常會說：「這個我知道，但是我做不到！」另一句常常聽到的是：「這個很難，我試過了，但是我做不到！」或是「上完課感覺能量滿滿，可以控制情緒一陣子，但是不久之後，又回到原來的狀態了！」

　　在話語背後可以感受到大家不少的挫折、沮喪和無力感，甚至想要放棄了。

　　大家的問題都是：要怎樣才會做得到？

　　大部分人都習慣於認知層面的學習，就像在學校聽課、看書與考試的傳統學習模式，而忽略了重要而深刻的學習與改變需要全身心的投入，否則就會落入「知道」但卻「做不到」的習慣模式中。所以，不僅僅在認知層面需要開放與理解，更需要在情感上有著正向、好奇的狀態，才能帶來真正的學習與體驗。之後，還要將這樣的學習帶入生活中練習與實踐，最後才能成為我們「做得到」的能力。以下我將這樣「全身心」的學習，分為三個部分，並用「腦」、「心」、「身」作為「三把鑰匙」的隱喻來進一步說明。

由「腦」、「心」、「身」循序漸進的改變

腦：觀點、想法、信念的隱喻

　　大腦的思維能力是很強大的，它讓我們脫離動物世界，脫離當下而進入到過去和未來，形成人類的文化、社會與科技各個層面長足的進展，這也讓大部分人在學習時，誤以為在認知層面了解就足夠了。

　　從另一個角度來說，如果我們的認知層面抱持著懷疑與批判，就很難在情感或情緒上產生正向的體驗，因為頭腦將會成為一個禁止、壓制自己深入體驗的「守門員」。

　　因此，讓頭腦在認知層面上接受合理的理論（如：體驗感受的重要性），允許自己內在的經驗包括感受、渴望，得以有機會被自己體驗，才能創造一個與過去不同的學習模式。

心：感受、情緒、情感的隱喻

如果大腦思維（第一把鑰匙）做好了準備，允許自己有深入的體驗而不害怕、不逃避，那麼就有機會用更安全與舒適的方式，體驗到我們內心複雜的情感或情緒（第二把鑰匙），明白改變自己的關鍵性因素。

此處遭遇到的挑戰是過去成長經驗的習慣模式，比如：害怕、厭惡或輕蔑某些情緒經驗。如果「腦」和「心」可以平等合作，就能夠創造新的體驗與轉化，就像是銀行地下室的保險箱，需要保險箱的管理員和租用保險箱的用戶各別持有的一把鑰匙同時開啟，才能打開特定用戶的保險箱──我們的學習也需要在思維與情感的同步與合作之下，才能有真正的轉化。

身：實踐、練習、行動的隱喻

如果前兩把鑰匙創造了學習上的體驗與轉化，那麼接下來需要將這樣的學習穩固下來，形成我們新的習慣，我們的生活或生命才將會有長遠的正向轉變。

許多朋友在工作坊中獲得很好的體驗，帶著很高的能量回去，但後來卻又逐漸的回到日常的習慣當中，也因此感覺到相當大的挫折與自責。根據過去的了解，很可能是誤以為在課程中改變的效果，能持續地在生活中呈現出來。的確，藉由工作坊中所感受到的高能量狀態，會在生活中有著不錯的短期效果，但工作坊是一個理想的實驗性

情境，回到現實生活，會有更加複雜或困難的情境需要面對，這並不容易；又或者對自己有著過高的期待，一旦沒做到就會產生很強烈的自責和挫折感，進而放棄。

　　因此回到生活中，遇到挫折、挫敗時，若能不自責、不放棄，堅持的練習與實踐，將會成為創造改變的最後一把鑰匙。

2

怎麼看一個人？
——生命力的演化

你是怎麼看一個人的？你是怎麼看他人和自己的？

薩提爾模式又是怎麼看一個人的呢？

薩提爾女士怎麼看一個人？

薩提爾女士認為「我們是同一生命力的展現」，同時她又說：「在這世界上，沒有一個人完全像我。」如果把這兩句話的意思整合在一起，可以說：「我們**每一個人**都是同一生命力的**獨特**展現！」如此一來，就把作為一個人的普同性和獨特性，用一句話說清楚了！

我們都是「人」，在作為一個人的本質上，每一個人都是相同的。也因此，每一個人的價值也是平等的。不管是販夫走卒，還是皇宮貴族，都具有一樣的人性、本質和價值。如果是這樣，我們就沒有理由因為「我比不上別人」或「我不夠好」的想法，而覺得自己的存在比較沒有價值。

同時，每一個人也都是獨特的，就和自然界中每一棵植物、每一朵花，都帶著獨一無二的美感，每個人都是獨特而美好的存在。因此，我們就不需要在許多地方和別人比較，去認定「誰比較有用」或「誰比較有價值」，也不需要一味的和別人相同，才會被認為是「正常」的。

一個人的內在是如何形成的？

我想要分享用薩提爾模式的眼光看人的一種想像，接下來的描述，請運用自己的想像力，甚至可以把它當作一種冥想來體驗。所謂的冥想，就是透過對自己的覺察，以及運用自己主動或自動浮現的想像，來體驗你自己的內在。括弧的部份是簡略的註記，第一次閱讀時，請先略過、避免干擾。

你可以先做個準備，給自己幾個深呼吸，同時，掃描或感受自己身體的狀態，更細緻的覺察自己的身體，感覺身體各部位傳遞出來的訊息，同時，也在心裡溫柔的回應它們，比如說：「謝謝你傳遞給我的訊息，我收到了！」或是送出你的關心和欣賞感謝作為回應，比如說：「我很心疼你的疲累和辛苦，謝謝你一直支持和陪伴著我！對我不離不棄。我想要傳遞我的關心和溫暖給你！」

當你感覺到和自己的身體，有著比較好的連結的時候，請試著想像，在這個宇宙裡充滿著生命能量，而你是祂們的一部分。

你在宇宙中自由的流動，你是有意識的，感覺到和所有能量是相互連結、是一體的，你們可以交流，也可以一起舞蹈、玩耍，卻不需要有任何的拘束。你感覺到自己的開心、滿足和自由……（生命力）

有一天，你想要有更多的嘗試，透過一個更具體的形式，體驗不同的生命狀態。在所有和你連結的能量群體的支持之下，你也為自己選定了想要體驗的情境和完成的任務。同時，開始注意到這個人間，有一對伴侶的生命處境適合你所需要的體驗，你看著他們，開始有了一些感覺……，在適當的時機，你就進入到「母親」的身體裡面。（受孕、生命力進入這個世界、第一度誕生）

你意識到自己的身體漸漸的成形了，你開始有了身體的感覺，感覺到自己漂浮在一個溫暖、安全的空間裡。你在這個空間裡緩慢的孕育著，逐漸的，你可以聽見外面的聲音，可以感覺到母親的身體所傳遞出來的狀態，而你也不時的會動一動你的手腳和軀體。（身體成形、體驗安全感與歸屬感的渴望）

慢慢的，時候到了，你終於離開了溫暖、安全的子宮，來到了這個世界，切斷了和母親連結的臍帶。可能皮膚接觸到冰涼的空氣、眼睛感覺到了刺眼的光線、身體感受到莫名的不舒服，你開始嚎啕大哭，大量的空氣湧入你的肺部，你開始靠自己的呼吸來吸取空氣中的能量，維持生命的運作。（出生、第二度誕生）

你更深刻的體驗到自己的身體，在飢餓和排泄的不舒服過程中，就會大聲的哭泣。當你感覺到飽足、溫暖、安全時，你就會

呵呵的笑。哭和笑是你最初對外界的表達，這時你是直接展現自己的狀態。從子宮到出生之後，你經驗到人與人的交流，你聽到母親和其他人在跟你說話，也看到他們看著你的眼神和笑容，同時經常感覺到被撫摸和擁抱的舒適與安全，你感覺到被疼愛。（單純的感受、一致性的表達、體驗安全感與被愛的渴望）

慢慢的，你持續的透過親身的體驗、眼睛的觀察、與大人們的互動，開始把所有的現象聯繫起來，發現他們開始對你有所要求，訓練你大小便、鼓勵你學習走路、吃飯時要坐好、要吃乾淨……，當你做到的時候，他們便充滿著笑容與稱許；沒有做到時，就會有一些嚴肅的表情和持續的要求。於是，你開始解釋這個情況：你需要做到他們的要求，你才會得到認可，你才會被疼愛，於是，你也開始要求自己要做到他們的要求，甚至要表現得比他們預期的更好，這樣你才會被愛、被看重，才會感覺到安全。當你發現自己沒有做到這些要求和期待時，或是做到了卻沒有得到你所期待的回應，你就會在自己有限的訊息和理解裡，產生好多的想法、解釋和感受……。（觀點、期待、替渴望設置了體驗的門檻）

隨著你的觀察與解釋，理解到越來越多複雜的情境以及對自己的評價，你也從單純的哭和笑、舒適和不舒適、安全和不安全，體驗到越來越複雜的感受了，快樂、悲傷、生氣、害怕、羞愧……。有時，當你表達出來時，被制止、斥責或是懲罰，你意識到有些感受是不被允許的，你開始掩藏、壓抑，也同時透過和你親近的大人們，學習他們是如何表達或是不表達自己的情

緒。或者反過來，你用強烈的方式表達出自己的情緒，企圖用對立、對抗的方式引起注意，要求被看見、被理解、被接納。有時候，你控制不了而顯露出來不被允許的情緒，或是刻意表達情緒卻得不到想要的回應，又或者體驗到不應該出現的感受，這時你就可能會有「我很糟糕」的感覺，對自己生氣、難過、沮喪或是無力。（複雜的感受、求生存姿態、感受的感受）

就這樣，你用盡一切的求生存方式、發展出各種不同的能力，讓自己在家裡能幫得上忙、有個適當的位置，能為父母分憂解勞，或是完成父母對你的期待，同時，隔絕、妨礙你繼續成長與學習的情緒或情感等事物……，慢慢的你終於長大了、存活過來了，擁有自己努力爭取或是逐漸發展出來的成就與能力。你內在的運作歷程、對外的應對方式，也逐漸的穩定下來，讓你可以不需要太多思考，甚至在還沒意識到時，就能自動化的做出反應。（成年）

生命總是不斷的往前。雖然你似乎已經可以很好的應對這個社會，甚至別人都說你表現得很好、羨慕你的成就時，仍總感覺自己還不夠好，或是覺得內心空虛、不安、焦慮……。你在關係裡面有時經驗到美好，有時想要靠近對方，但往往因為無法控制的反應和行為，讓你們之間更加的遠離，久而久之，令你感到痛苦，甚至逐漸的麻木。（生命力受阻）

慢慢的，你開始尋覓不同的可能性，想要找到自己生命的出口或進一步的發展。透過一些學習的機會，你開始認識你自己，看見自己重複的行為背後，有著保護自己的求生存模式。於是你

開始進一步的接觸自己的內在，體驗到裡面有許多豐富的感受、信念和期待，看見自己內在的習慣模式，更體驗到睽違已久的渴望與生命力。（探索內在歷程「冰山」）

在探索內在的過程中，你逐漸記起這些內在的狀態不是天生的，而是過去從成長環境中學習而來的，今天你成年了，可以有新的學習，理解並改變來自原生家庭的習慣模式，產生新的決定，尤其是看待自己的方式，不需像過去那樣看待自己，總覺得自己還不夠好，你決定認可自己、欣賞自己、疼愛自己，這時，開始體驗到自己的內在力量、感覺到自己的完整和踏實，逐漸成為了自己生命的主宰。（轉化原生家庭的影響力、第三度誕生）

你知道你不需要追求完美，只要更加的了解與接納自己，就會變得更加的完整、有力量。你可以持續的探索和體驗這個世界，同時完成你自己所定義的、所想要達成的任務，你也知道，有一天你會離開這個世界，帶著滿足、了無遺憾的心境，回到那個更大的整體，成為自由自在的宇宙生命力的一部分。（回歸生命力）

以上，是我嘗試運用薩提爾的信念和精神，來想像一個生命發展的可能性。這是我的理解與想像，你並不需要同意我的詮釋，我的分享只是一個拋磚引玉的過程。你可以透過自己的理解和想像，去形成自己的參考架構。

3

你想怎麼活？
——兩種人生選擇

第一種選擇

1. 比較

我們大部分人的成長過程中，常常有行為表現被拿來**比較**的經驗。父母拿你和兄弟姊妹比較：「你看你姐姐都很認真讀書……」「弟弟都會幫忙做家事，你只顧著自己……」，或是拿你和親戚、鄰居的小孩比。

到了學校，更是有具體的比較標準。考試考幾分？第幾名？排名第幾？不只是學習成績，還有班級秩序、整潔、才藝比賽等都可以扣點、加分，進行排比。

所以，我們就自然而然、自動化反應的和他人進行許多比較，而且往往挑自己很在意但卻不擅長的部份來進行比較、自我批判、嫉妒對方、認為自己不夠好。當然，從正向的角度來看，這會使我們想要更好、更努力、更優秀，這也是父母、師長希望我們更能在社會生存的好意。

2. 標準

不斷的比較，會讓我們逐漸將父母、師長、他人的**期待**，形成內在的**標準**，甚至我們會猜測與詮釋父母、師長的意圖，來建立自己行為表現的標準。這個理想的標準比我們的現狀有著更多、更好、更完美的狀態，也一定是現在還達不到，甚至很久很久都達不到的狀態。現狀和理想差距越大，似乎就有更強、更持久的**動力**去努力，也有人因為差距過大而選擇放棄。

3. 恐懼

如果父母、師長拿你和他人比較，代表著他們對你有期待，對你的行為表現有一個標準，達到時你會得到獎賞或認可，你會感覺到開心、放鬆。但同時，**你知道你的行為表現不一定每次都一樣、每次都能做得好**，所以即使你這次做到了他們的要求，你也在擔心下次是否可以再做到、再次得到認可，於是你可能開始產生**焦慮**。你在更深層的心裡，尤其是對父母，根據過去的某些經驗，讓你可能會有一種恐懼，如果你做得不好，可能會不被愛、被忽視、被遺棄……等等，這樣的恐懼、不安全感就形成了我們面對世界、他人時，進行選擇的基礎，又或是沒有意識到可以選擇，而變成自動化、下意識的反應與應對的啟動點。

4. 匱乏感

因此，我們擁有的標準是根植於深深的恐懼、不安全感（甚至沒有察覺到），一直和別人、同儕比較，或是根據自己對父母、師長眼

光的解讀所形成的，是期待自己比他人更好、比自己現狀更好、能更完美的標準。

當你做到時，可能會感覺放鬆、開心和滿足，但是，那只會持續一小段時間，甚至有人只允許自己放鬆幾秒鐘。因為父母的告誡與自我提醒不斷在說：「不可以自滿、自傲，這樣會鬆懈、怠惰、一事無成！」推動你再建立一個新的目標、更高的標準，這樣才會有前進的動力。

於是，你會常常自我批判、自我要求：「我還不夠努力！」「我做得不夠好！」「我還缺乏某種能力／某種條件……」「我還沒有○○……」「我還要更……」。經常感覺現狀下的自己還不夠、還沒有……，久而久之會形成常態並內化成一種「匱乏感」，常常甚至永遠無法感覺到滿足，反而容易感覺到空虛、感覺到不安，即使你已經很成功、很有地位、很富有了，仍然會被這樣的感覺所騷擾。

這樣的匱乏感一開始是強大或持久努力的動力，到後來變成內心隱隱然感受到的狀態，你好像**必須永遠感覺匱乏**，才會安心、才會努力，這成為一種面對生活的習慣、一種好像一輩子擺脫不掉的感覺。

5. 求生存狀態

在薩提爾模式中，會稱呼上述那樣的狀態是一種「求生存」狀態，從小到大為了求生存而形成的應對模式。「求生存」聽起來有些聳動，它代表的是我們想要得到父母的認可、讓父母開心、讓自己在家中有一席之地，但是擔心自己做不到，恐懼自己會被忽視、被遺棄、不被愛，所以努力地用盡各種想得到、可能的方式來讓自己繼續

活下去。

　　如果我們一輩子都在求生存狀態；都在兢兢業業的努力；都在焦慮、恐懼和匱乏感時不時的騷擾下，那麼在生命中還有多少感覺到幸福和滿足的時候呢？我們只能這樣的活著嗎？還是有其他不同的活法？在薩提爾模式提及的另一種可能性，是讓自己更多的處在**成長**的狀態裡！

第二種選擇

5. 成長狀態

　　我們在某些時刻裡，也曾感受過成長的狀態。

　　有時候，我們暫時忘記了別人的眼光、忘記了自己必須要有好的行為表現，而純粹因為好奇而去探索和學習，因為好玩而去做一些有趣的事，甚至有時什麼都不做、靜靜的待著，也能感覺到放鬆、平靜或滿足。或者，在關係中感覺到彼此的平等、連結與關愛，不用擔心對方的眼光或評價，而是感覺到支持、陪伴與接納，在這樣的狀態裡，對自己也感覺到是滿意或滿足的。

　　在這些時候，我們的精力不用放在讓別人滿意，或是達到心中完美的標準，以開放而好奇的心態去觀察自己可以表現出什麼樣子、什麼狀態，沒有太多既定的標準、不怕失敗或停頓，而是有一個自己想要或喜歡的**方向**，讓自己持續往前發展。

4. 滿足感

在成長的狀態裡，對自己是滿意的，對自己的不同的狀態包括所謂好壞、對錯的不同體驗都可以接納，可以視不同的情況去堅持或調整。不管自己做得怎麼樣，可以如實的接納，如果有一點點的進展，就會對自己有相對的欣賞與認可。就好像一趟生命中的旅程，不在於去到某個目的地，才會覺得值得，而是在路途中的每一個時刻，都可以享受美好的風景與遇見，每往前一步都可以感覺到滿足。

這樣的滿足感時時存在於生活中，對於此刻自己所擁有的條件、所存在的狀態，感覺是好的、滿意的。

那麼，會不會因此失去了鬥志，如前所說，過於自滿、自傲而鬆懈、怠惰、一事無成？

如果，我們真的體驗到這樣的滿足感，是來自於對自己的認可與欣賞，不再擔心、焦慮自己的行為表現，我們會把更多的注意力放在自己喜歡的事物上，有著更多的好奇與好玩的心態，去發展自己想要成為的樣子。這種來自於「滿足感」的動力，與先前被「匱乏感」所激發的動力有很大的不同。

3. 愛的能量與安全感

能夠有這樣自發、好奇、好玩、喜歡的動力，來自於內在已經擁有的安全感、自我認可與自己值得被愛的感覺，像這樣喜歡自己、愛自己的感覺，讓心中充滿著愛的能量，會很自然的想要關愛他人，能在愛的感覺裡成長、學習與發展，是一件多麼美好的狀態啊！

這也是本書所要談的主要概念：「在愛中成長」。這裡指的不僅

僅是在教養上讓子女「在愛中成長」，更是說明我們作為一個成年人，很幸運的，我們真的長大成人、活下來了，擁有更多的行動能力與內在主權，可以選擇讓自己再一次的「在愛中成長」，轉化過去的成長經驗，也改變看待自己的眼光，**繼續**的學習與成長。

2. 方向

從此，我們可以**繼續**擁有自己的**期待**，對於他人的期待可以選擇放下或承擔，但是，不再需要用嚴格、完美的**標準**來苛責自己、壓迫自己，而是明白自己想要去的**方向**，並且享受前進、轉彎或是停頓時，整個路程中所經驗到的樂趣。

1. 參照

和他人、同儕的關係中，不需要**比較**，因為包括自己的每個人都是獨特而美好的存在，彼此的差異不需比較，像是花園裡不同的花朵，各自展現其獨特的風采。我們藉由與他人的共通與差異，找到與自己相同或不同體驗的**參照**，相互學習、共同成長，彼此成為對方的美景。

你可以選擇

在薩提爾模式的學習裡，我們的生命可以有兩種**選擇**。

你可以選擇用過去和他人**比較**的習慣而活，或是選擇新的學習去**參照**別人的生命經驗，做出自己的決定。

你可以選擇把他人或自己的期待，當成不得不去執行的責任，或是形成一個完美的**標準**來逼迫自己；或者，選擇把這樣的期待，在自己的認同下，形成一個適當而清晰的**方向**，讓我們可以依循和調整。

　　你可以選擇我們的決定是基於**恐懼**，還是基於**愛（與安全感）**？

　　你可以選擇生命中常常存在著**匱乏感**，還是常常感覺到**滿足感**？

　　你可以選擇讓自己處在**求生存狀態**，還是處在**成長**的狀態？

　　你，會想要什麼樣的選擇？

4

你怎麼對待自己？
──兩個方向

　　你是怎麼對待自己的？……你認為自己怎麼樣？……你認為你是誰？……

　　當你一個人安靜獨處時，上述的提問會浮現出什麼樣的答案？

我不夠好！

　　承接上一篇的觀點，我們知道大部分人從小活在被比較的環境中，自然而然形成一套內在的標準，內心隱隱然的恐懼、焦慮以及匱乏感所帶來動力，鞭策我們不斷的努力。成年以後面對壓力時，就很容易回到這樣的**求生存狀態**裡，這些鞭策自己的動力所形成的核心觀點就是「我不夠好」，甚至是「我永遠都不夠好」，對自己有很多的批判、貶抑與不接納。

　　薩提爾女士根據她的直覺、智慧與累積的經驗，發現**「我不夠好」**的信念是一個人產生困頓或問題的核心。反過來說，這也是一個

人可以產生改變，變成更積極、有活力的著力點！如果一個人看待自己的信念，可以從「我不夠好」轉化與體驗到「我已經夠好」，就會看到這個人身上發生奇蹟式的轉變，這是薩提爾女士的工作被世人視為奇蹟的主要原因。

人的本質與光亮

當年，很多人看到薩提爾女士和他人接觸時，在短短幾分鐘之內，就讓和她接觸的人有了明顯的改變，整個人變得光亮起來，認為她是如此的神奇，他的工作簡直就是奇蹟，但言下之意是「只有她做得到，其他人沒有辦法」。這時，她語重心長的回應：「就像在黑暗的房間裡，你們被我點燃的燭光所吸引，但是，燭光是為了讓你們看見自己的蠟燭和火柴，當你們用火柴點亮自己的蠟燭，可以照耀自己以及協助他人找到他們的光亮後，我就可以安然離去了。」

她想要告訴我們的是：「我們每個人都有發光的本質」。如同薩提爾模式的信念之一：「我們是同一生命力的展現」。因此，不需要羨慕其他人的光亮，重要的是能看見自己光亮的本質！

另一個重要的訊息是，如果想要像她那樣去幫助別人，我們也可以透過類似的過程做到。她的學生們致力於整理她的工作，並進一步發展出自己的方法，讓更多人可以做到薩提爾女士的奇蹟。如果你也想要成為像薩提爾女士那樣的助人工作者（心理師、教師、社會工作者……甚至包括父母們），運用自己心中的燭光，幫助他人找到生命中的火柴，我們可以先來學習如何點亮自己生命中的燭光。

燭光是一個隱喻，代表人的本質與生命能量。如果我們可以看見自己的本質與生命力，那麼就可以慢慢的從幼年被比較、想要尋求他人認可的習慣中脫離出來，這不是一個容易的過程，但卻是值得我們投入心力的方向！

所以，你可以怎麼看待自己、你認為你是誰、你是否能看重自己，成為一個最為核心的議題！易言之，這就是薩提爾模式中關於「自我價值感」的核心概念。

薩提爾的核心概念

如果有薩提爾模式的學習者問我：「薩提爾模式最重要的核心概念是什麼？」而**我只能回答一個概念的話，那就是「自我價值感」**。

什麼是「自我價值感」呢？根據薩提爾女士在《家庭如何塑造人》（*The New Peoplemaking*）一書中的意思是：「自我價值感就是我對自己的看法和感受。」[1]

這裡有兩個需要注意的地方，一是「我對自己」，另一是「看法」和「感受」。「我對自己」不是「他人對我」，但實際上，我們常常將他人對我的眼光視為最重要的考慮，甚至完全內化或是無意識的認同了他人的眼光，以為這就是我的真實狀態。而「看法」和「感受」是一個人不同層面的內在狀態，它們有時是不一致的，當我說：

1　出自《家庭如何塑造人》，維琴尼亞·薩提爾（Virginia Satir）著，吳就君譯，張老師文化出版，2006。第3頁。

「我認為自己很好啊！」時，是自己真的這麼認為或只是說給別人聽的看法？但當你靜下來去感覺自己時，會發現不一定是正向的感受，你可能並不喜歡自己。

反過來說，當你想到你自己，感覺很好、很開心、很歡喜或很平靜，同時覺得自己是重要、有價值的，或是感覺自己值得去體驗美好的生命經歷，那麼我會說，此刻的你是「高自我價值感」的狀態。

「高自我價值感」是不是所謂的「自我感覺良好」？「高自我價值感」是不是代表一個人過於「自傲」？這是許多朋友在學習薩提爾模式時常會有的提問和混淆。

自我感覺良好，通常意味著這個人隔絕外界的評價、昧於現實而自爽，只在乎自己，而不在乎他人與情境。然而，具有「高自我價值感」的人看重自己，同時也尊重他人、評估真實情境來做出回應。

「自傲」是以和他人「比較」作為基礎，認為自己比別人更好、看不起其他低於他的人，或是內心深處覺得自己比別人差，為了掩飾內在的卑微感，而用反向操作的方式保護自己。具有「高自我價值感」的人則認為自己和他人一樣有價值、一樣重要，但同時每個人也都是獨特的，不需要比較。

自我價值感的重要性

「自我價值感」為什麼這麼重要？為什麼它是最核心的概念呢？

在接觸薩提爾模式的最初幾年，如果問我薩提爾給我印象最深刻的感受，我會說是「滋養」。我感受到在學習這個模式時，內心從感

覺到乾枯的狀態受到了滋養，不管是工作坊講師們的呈現，還是在學習過程中被對待與提醒的方式，似乎都在跟我說：「你比你所認為的自己更好」、「你已經夠好了」、「你是獨特而美好的生命」……。一開始我是驚訝而懷疑的，隨後我體會到我對自己的批判和不滿其來有自，主要是成年之前父親對我嚴格要求所形成的習慣。所以，當我透過學習用另一種不同的眼光看自己時，讓我感受到被滋養，原來我也可以是好的。

十多年前，我參加瑪莉亞老太太（Maria Gomorri）的轉機工作坊。當時我感覺人生灰暗，因為我是個養子，為了傳宗接代而被收養，內心有著強烈的矛盾感，一方面覺得自己好像很重要，另一方面卻在想自己難道只是傳宗接代的工具嗎？除此之外，我活著還有什麼用呢？從十歲發現自己養子的身分之後，二、三十年來，這樣的問題就一直縈繞在我的心中，不知道自己活著的意義是什麼，覺得自己是一個尋求生命意義、不斷的追尋卻沒有答案的流浪者。

在工作坊中，當我完成了「原生家庭圖」的作業給瑪莉亞老太太看時，她細細的端詳圖上眾多的兄弟姊妹以及密密麻麻的關係線，說了一句：「這家庭圖畫得好美啊！」我驚訝又有些開心。隨後，做了我的原生家庭雕塑，在聽完我描述在生父母和養父母兩個家庭穿梭的無奈後，她站在我身邊，指著雕塑中「小時候的我」的扮演者說：「你看，這是兩個國王和皇后所寵愛的王子！」那一刻，突然有道亮光照了進來，看待自己的心態從一個棄兒變成一個尊貴的王子，雖然當時還在半信半疑，但隨後的幾年，這樣的眼光已經逐漸地滲透與渲染了我的生命，生活的色調也開始從灰暗轉變成明亮多彩。

薩提爾模式相信每個人的內在都有一個**自我評價的中心**，不管你願意或不願意、不管你意識到還是沒有意識到，它都存在在我們的內心，深深地影響我們。當我們覺得自己夠好、有價值、有意義時，我們的生命力（生命能量）就會提昇，態度就會變得積極、有效能、正向看待自己或他人，同時，可以運用自己所有的資源和潛能，去面對生活與生命中困難或巨大的挑戰。反之，當我們覺得自己不夠好時，生命力就會降低，可能變得焦慮或是沮喪，容易被生活中的困境卡住，甚至選擇逃避或放棄。

　　對我而言，薩提爾所有的工具和概念：原生家庭圖、冰山、曼陀羅、家庭重塑、影響輪……等，都以「提昇自我價值感」為重要的起點和終點。在中間的過程中，認識自己、連結渴望、轉化創傷、重新擁有自己的豐富資源、提升生命力，最後成為一個更完整的人！

給孩子最好的資產

　　我常常在工作坊中和父母、教師們分享，我們可以留給孩子最好的資產或禮物，就是他們在成年以後擁有的「高自我價值感」，這樣我們就不必擔心他會走錯路，或是放棄自己──因為一個具有高自我價值感的人，是能夠看重自己，也很願意尊重他人的，對於生命中的逆境，他會接納、面對，不會自暴自棄、輕易放棄，對於這樣的成年人，作為父母和師長的我們也將會很放心與安心。

　　然而我們如何能留給孩子這樣的資產呢？最重要的兩個途徑：一是父母具有高的自我價值感，做出示範，讓孩子自然的模仿與學習。

二是父母在日常生活中看待孩子的眼光，不僅僅是根據他的行為表現，更是根據這個孩子的本質與光亮，讓他感受到自己和父母一樣是有價值與重要的人。

兩個方向的選擇

當我們遭受挫折，情緒低落時，常常會感覺自己不夠好，有時會逼迫、苛責自己更努力、做得更好，有時會無力、無奈的選擇放棄，這些狀態都很常見，也都很可以理解。因為，它們是我們從小到大的學習、所養成的習慣。

然而，這也意味著，我們現在長大了、成年了，有更加足夠的能力與資源，可以開始新的學習，可以為自己做出自己喜歡和想要的改變。這是一個選擇！

當你學習了薩提爾模式的成長課程，請記得一件事，我們仍然會在這兩種狀態裡擺盪，一下覺得自己很好，一下又掉回過去的模式，覺得自己很糟，這時候我們更需要對自己有更多的寬容、更多的慈悲，明白這是選擇，是兩個方向的選擇，然後繼續堅持下去，走自己喜歡和想要的路！

冥想

欣賞感謝自己的成長

　　在你的生活當中，可以把冥想當做日常練習的一部分。冥想是你可以主動的覺察和想像，透過自己的注意力，跟自己的內在連接，體驗此刻的自己。

　　現在請你在自己的空間裡，找到一個舒服的位置坐下來，讓自己可以很舒服、很放鬆……。你可以閉上眼睛或睜開眼睛，選擇讓你安心的方式，專注在自己的身體和內在……。

5

成為主動的學習者

在我帶領的薩提爾工作坊當中，有時會感覺到（尤其是首次）來參加的朋友，帶著聽演講或上課的心情，想要聽到更多的理論知識或是解決方案。這當然很好，但讓我覺得可惜的是，這樣會少了許多學習的可能性，因為聚焦在我們習慣的獲取知識的方式中，會忽略了在當下發生的許多學習的可能性。

比如說，當你用聽演講的方式在工作坊中聽著講師或是其他學員的分享時，你可能聚焦在觀念的理解與思索層面，但同時你的身體或情緒已經產生某種變化，比如：頭疼、胃部緊繃、肩膀僵硬等身體反應，或是焦慮、煩躁、難過等情緒變化，而這可能和你聽到的訊息有關，引發了你過去的記憶或是習慣模式，這時，如果你認為這些現象無關緊要或是認為這樣不好，就會自動地忽略或壓制，這樣就太可惜了，因為你所體驗到的現象，可能是學習和認識自己的重要入口。

因此，我常常會提醒學員運用自我學習的歷程，讓自己在任何時刻都能儘量抓住學習的機會。以下是一個例子：

「老師，上課的這一、兩天我的胸口一直感覺很悶，不知為何如此，也不知如何是好？」一位學員發問。

「妳現在感覺得到那個悶嗎？」

「……感覺得到。」她停頓了一下才回答，她在確認自己身體的狀態。

「那此刻妳是否願意接納它、感受它，和它在一起？」

「……可以。」在此之前，她已經從課程中知道接納感受的重要性了，但是，真的要能這麼做並不容易，透過我的提醒，她讓自己練習接納此刻的身體反應。

「好，妳可以閉上眼睛，也可以用手去接觸胸口的悶，在那裡停留一陣子……，當妳內在出現任何的影像、聲音、想法、感覺的變化……，妳再告訴我。」

「我覺得自己很糟，聽到其他夥伴的分享，感覺到自己已經上兩天課了，卻還沒有什麼進展……」她描述了這兩天的心路歷程。

「妳說這些的時候，內在的感受是什麼？」

「很多的焦慮……自責……感覺自己沒用……」從一開始「胸口的悶」，到靜下來釐清自己這兩天的狀況以及思緒，此刻更加感受到自己的情緒。

「這樣的感受過去經常出現嗎？」

她點點頭。

「最早是什麼時候？」

「小學的時候，很容易焦慮，怕自己考試考不好，也常常責備自己還不夠努力，讓父母失望……」

「當時發生了什麼，會讓妳想要考好試、想要更努力？」

「爸爸、媽媽那時常常吵架，我很擔心，希望自己表現好一點，讓他們可以開心一點……」

「如果妳現在看見當年的自己，會有什麼感覺？想跟她說什麼？」

「很心疼她……」此刻，她的淚水泉湧而出，「我想說：辛苦了！」這裡有一個自我對話的過程。在我的工作坊中，我會分享「和小時候自己對話」的歷程，讓學員可以用這樣的方式轉化自己過去的情感經驗，後續我會再分享。

「現在感覺怎麼樣？」

「覺得輕鬆很多。」

「胸口悶的感覺呢？」

「現在感覺不到了。」

「剛剛的過程妳有什麼樣的體會？」

「……原來我從小至今，都是用同樣的方式對待自己，也比較知道為什麼會這樣了。」

「有了這樣的體會，接下來妳想要怎麼做？」

她深深的吐了一口氣，「也許我可以更放鬆一點……對自己少一點責備。」

「這很重要，希望妳可以欣賞自己剛剛的歷程，並記得接下來時時提醒自己。」

她點點頭。

「謝謝妳願意開放自己，分享妳的內在歷程。」

我在帶領工作坊中見證了學員們的學習歷程，也從他們身上學習很多，我的體會逐漸累積，從而歸納與整合出一個自我學習歷程。

　　以下我將介紹「主動學習歷程」的步驟[2]，請先看下圖：

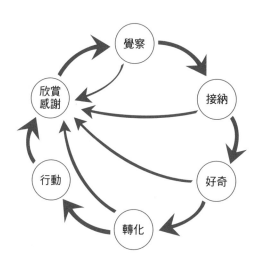

　　我在帶領工作坊的過程中，透過學員們的轉化歷程，逐漸學習到如何可以更順暢而完整的引導學員，並有更深入的體驗，從而歸納與整合出如下的架構分享給大家。

2　這個主動學習的歷程，最早出自《關係花園》（*Joining: The Relationship Garden*），書中談到處理情緒的 4A 步驟：覺察（Awareness）、向人承認（Acknowledgment）、接納（Acceptance）、行動（Action），香港的沈明瑩老師在薩提爾的工作坊中分享，補充了更多薩提爾的精神，變成 6A1C，她增加了欣賞感謝（Appreciation）、正向態度（Attitude）以及好奇（Curiosity）。後來，李崇建老師也在他的課程中分享 6A，引導許多學員進行自我學習與轉化。

- **覺察**：回到此時此刻，和自己連結，觀照內外發生的一切
- **接納**：沒有接納就無法好奇和學習，沒有接納就很難改變
- **好奇**：自問「發生了什麼事？」、連結內在、在內心等待
- **轉化**：進行冰山探索、和小時候的自己連接
- **行動**：向人表達、練習、踐行
- **欣賞感謝我自己**：不論前面可以進行到哪一步驟，都要完成這一步

　　這可以提供給想要進行心理成長的學習者一個參考的架構，也是一個不論你在工作坊或是在日常生活中，都可以持續進行自我學習的過程。你可以參考前面的例子，只要把我的提問，改成你的自我提問，就可以進行主動學習的歷程了。

　　以下詳細解釋這六個步驟的細節。

主動學習歷程

♠ 覺察

回到此時此刻，和自己連結，觀照內外發生的一切。

　　「覺察」不同於「觀察」，一般所謂的觀察，指的是觀察外界的客觀事物，以及他人的言行。覺察，指的是對自己的言行和內在歷程保持著關注與覺知，在心理成長的學習裡面，它是最基礎、最重要的起始點，幾乎可以說，**沒有覺察，就不會有「有意識」的學習**。所以，當我們對自己有所覺察時，不管是舒服或是難受的體驗，我們可

以為自己感覺到高興，因為即將會有更多的學習。

但是，一般的情況卻常常是沒有覺察的，因為我們經常用熟悉的習性去應對生活中的一切，就像魚在水中感覺不到水般，除非我們可以常常提醒自己，發生在自己身上或內在的現象並非如此理所當然。

另一種常見的情況是，當我們覺察到自己的應對方式、身體經驗或是內在體驗，感覺是不舒服或是不認同時，我們會採取排斥或壓抑的應對方式。

以前述的案例而言，在她發問的一、兩天前，可能就已經覺察到焦慮和對自己的不滿意，但是不想承認、面對，或是不允許自己表達出來，所以就產生了更為低落的情緒、混亂和胸口悶的感覺。

♦ 接納

沒有接納就無法好奇和學習，沒有接納就很難改變。

產生了覺察，讓我們得到了很好的學習的線索，但若是我們選擇了忽略、排斥或壓抑，學習與改變的機會就會延後，甚至可以說，**沒有接納，就不會有真正的好奇！**也很難再繼續自我探索下去了。因此，對於自己內在所發生的一切，抱持著承認、開放與接納是很重要的，在前述4A中的向人承認（Acknowledgment）、接納（Acceptance），我把它們都合併到這個「接納」的階段，主要是減少中間的步驟，便於我們記憶和自我提醒。

此處有個很重要的分辨是，**接納不代表你需要贊同或是認同所發生的事情**，你只是單純承認「這已經發生了」的事實，以及「這是屬於我的一部分，它的發生必有其原因，只是我還不清楚而已」的自我

負責。

以前例而言，當那位夥伴在課堂中鼓起勇氣提問之後，代表了她早有覺察（胸口悶、焦慮、自責……），而且在眾人前面發言本身就已經是對自己、也對他人承認了，講師後續的提醒以及夥伴們的陪伴，讓她可以靜下心來與自己的身體經驗（胸口悶）同在，如果當時沒有接納自己的體驗，是無法和自己的感受在一起的。

♦ 好奇

自問：「發生了什麼事？」、連結內在、在內心等待。

如果能接納自己所覺察到的體驗，接下來就比較容易對自己的體驗有更多的好奇和探索，問問自己：「內在發生了什麼？」或是像前述的案例「跟自己的身體體驗或內在感受在一起」，保持著開放與耐心，允許自己有任何的內在訊息（話語、聲音、圖像、身體感覺……）出現。這時，很可能內在就會有更多的訊息出來，過去發生的事件、內在的感受……等等，就像那位夥伴感受到「自己很糟」，並可以陳述那一、兩天的經歷，以及開始清晰地體驗到自己的焦慮和自責，然後更進一步的回溯，了解到過去如何形成焦慮與自責的習慣。當然，如果此刻你已經學過「冰山」（本書第三部）的內在歷程隱喻，就可以運用這個工具探索自己內在發生的更多過程。

♦ 轉化

冰山探索、和小時候的自己連接。

當我們透過正向的眼光（接納並將視為學習的機會）、好奇的探

索，比較了解到自己會有這樣狀態的歷程，甚至更加明白了來自過去的成因，這時便可以進一步的進行轉化，而不會像某些人在瞭解了自己的情況後，反而陷入了一種「知道又能怎麼樣？反正我也改變不了！」的無力感之中。

在薩提爾模式當中，最主要、最常見的轉化工具是「冰山」（個人內在歷程的隱喻和架構），但是對於初學者而言，這個工具相對較為複雜，需要有較長時間的學習和演練，才比較能開始好好的運用，因此，我會在更後面的章節才會開始完整介紹。

另一個相對冰山而言，比較簡單、也可以非常深入的工具是「和幼年的自己對話」，這部份在第12章中就會介紹。以上述案例來說，當她瞭解了過去的成因，對當年的自己有了理解和心疼，便可以開始用自己成年有能力、有智慧的狀態，去接納和滋養當時「擔心父母而要求自己努力以及常常自責」的情感經驗。

♦ 行動

向人表達、練習、實踐。

轉化之後的結果，會讓當事人產生相當正向的感受（放鬆、平靜、喜悅……）或是體驗到高能量狀態，這也讓有些朋友誤以為這樣就足夠了，從此天下太平。然而根據過往的經驗，常常會發現，如果後續沒有加以落實，尤其是在生活中好好練習或實踐這樣的狀態，慢慢地會感覺自己又回到了之前的狀態，因為生活中的實際情況，往往比在工作坊的情境以及學習過程中有著更大的挑戰，不明白這一點，不及時進行更多的演練與實踐，會導致更大的挫折感與無力感，

甚至選擇了放棄。

因此，過去常常有薩提爾的老師提醒我們，改變的三個秘訣是：「練習、練習、再練習！」沒有其他更省事的方法了。

另一個非常重要的行動是，向他人進行一致性的表達。尤其是在重要關係中互動的過程，能向對方表達當下的內在狀態，如感受和渴望……。雖然會讓自己感到脆弱，但若能適當的冒險，會創造彼此更加靠近的機會。

● 欣賞感謝我自己

不論前面可以進行到哪一步驟，都要完成這一步。

這是最重要的一步，也是最需要被提醒的部份，不管你在主動的學習歷程做得如何，或是做到哪一步就進行不下去了，你都要跳到最後這一步「欣賞感謝我自己」，這是為了平衡大部分人常常對自己高要求、高標準、嚴苛或自責的習慣，也是激勵我們可以不放棄、鼓勵自己繼續主動學習歷程的起點，創造一個新的、正向循環的習慣。

換句話說，當你開始「覺察」到了自己內、外在的狀態，但還無法接納它，可以直接跳到第六步驟，欣賞感謝自己的覺察變得更多、更清晰或是更加快速，取代過去無法接納的自責。如果已經能夠「接納」，但是在好奇和探索的過程卡住了，沒關係，再次跳到最後一步，欣賞感謝自己能開始接納的不容易，允許自己慢慢的好奇和探索。當然，若能夠透過「好奇」的探索，明白自己為何如此，對於初學的朋友已經是非常了不起了，也可能因而有更多的釋懷與放鬆，所以即使還未能有更多的改變與轉化，那也請你多多欣賞感謝自己現有

的努力與成果。

　　第四步「轉化」並不容易，若你學會了如何「和幼年的自己對話」或是更能運用「冰山」的內在歷程時，就越能夠為自己進行轉化的過程，做到這一點當然值得好好的祝賀與欣賞感謝自己，即使你還沒有做更多的演練或是在生活中實踐這樣的學習成果。

• • •

　　如果你看了上述的說明，比較明白主動學習的步驟之後，可能會有個疑問：上述的案例是透過講師的引導，如果自己一個人，沒有講師的幫助，是不是就很難做到？

　　這是個很好的疑問。的確，在工作坊中有講師的引導，會變得比較容易做到。這也是工作坊所提供的重要功能，這樣的問答交流不僅僅是針對學員個人的困難進行協助，更是為了在場的學員做出示範，透過實作進行觀摩性的學習，如果更積極一點，在旁觀看的夥伴能同步用「搭便車」的方式，將講師的提問拿來自問自答，彷彿自己就是那位被詢問的夥伴，那麼將會有更深入的體驗性學習。

　　如果你可以搭便車，或是透過觀摩後更加明白了這樣的過程，就可以按照這六個步驟的順序，並將講師的提問作為參考，轉換成自問自答，嘗試自己練習這樣的學習歷程了。

自問自答的範例

接下來，我再次運用前述的案例，將它改為自問自答的形式，模擬成你自己一個人的主動學習歷程，你的故事與內在的內容可能和這個案例很不一樣，但是過程可能會有類似之處，請用你理解到類似的部分，代入自己的情況，或許會對這樣的歷程更有體會。

在工作坊中當別人發言時，自己感覺到不太舒服，又認為自己在學習上好像沒有進展，這時已經有所「覺察」，但是，你認為這不是一件好事，想要先努力看看會不會有進展。過了一、兩天，逐漸累積了複雜的情緒，終於忍不住而轉回內在、面對自己的狀態。

這時，你感覺到胸口的悶，然後用手接觸自己的胸口，跟胸口悶的感覺說：「我感覺到你了！」「我承認你的存在……你是我的一部分……謝謝你想要告訴我一些訊息，雖然我還不太明白。」你閉上了眼睛，和胸口悶的感覺在一起，僅僅覺察而不評斷內在發生的任何情況……，開始聽到內在責備自己的聲音：「你很糟耶！別人都有很大的進展，你怎麼都學不會？」感覺到自己的焦慮……再次的，選擇「接納」自己此刻有自責與焦慮，謝謝它們所帶來的訊息，專注的體驗它們，與它們同在。

這時，你可能感覺舒服多了，能接納通常會讓自己放鬆許多，胸口悶和焦慮的感覺減輕了。此刻，可以帶著一種正向、「好奇」的心情，問問自己：「這樣的感覺從何而來？和什麼事件

以及想法有關？……」然後你逐漸清楚了自己習慣和他人比較，要求自己做得比別人更好，做不到時會不斷的責罵自己，因為想要趕快做到而焦慮不已。另一方向則是問自己：「我常常有這樣的感覺嗎？我從哪時候學會的？……」也許你回想到過去成長的經驗，明白當年的你想要常常吵架的父母開心或放心，而對自己有高標準的要求，形成這樣的應對模式……這是一個不容易的過程，需要對當年的自己有很多的理解與疼惜。

走到這個階段，你可能會運用「冰山」的隱喻，增添新的、正向的觀點，或是更加明白與調整自己的期待，連結與體驗渴望，更加的看重自己的價值……。又或者，進行「和幼年的自己對話」，帶著疼惜的心情對當年的自己說：「對於你當年的擔心和害怕，我很心疼……」「我現在長大了，可以回來陪伴很擔心焦慮、自責的你……」「我很欣賞你當年想要幫父母的用心……」，用成年人的狀態去陪伴幼年的自己，讓當年的情感經驗得到滋養，進而讓此刻的自己感受到更加整合、更有力量，或是更加的認可自己。這個「**轉化**」的過程，一開始需要透過別人的協助，後來可以有更多的練習，運用這樣的體驗來自我療癒。

回到此時此刻，將上述的學習放回實際生活中「**練習**」，也可以在工作坊中找到適當的時機，舉手分享自己內在的歷程，或是提問自己遇到的阻礙，這是一致性表達的「**行動**」。若是再次感覺到焦慮和自責等類似情況發生時，可以提醒自己和過去不同了，你可以選擇更加放鬆、更正向的看待自己已經努力做到的部份。或是，在內心裡告訴那個當年的自己，你會陪伴他、欣賞他

的努力……。也許，你有時還是會回到焦慮和自責，但你知道這樣的反覆是很正常的，需要有更多的練習和堅持，就會逐漸成為自己所喜歡的狀態。

最後，不管你做到前述的哪一步，也包括此刻看完前述的文字理解了多少，都邀請你「欣賞感謝」你自己，欣賞自己願意花這樣的時間和心力去理解和學習，而且也有一些心得或收穫，謝謝自己給自己一個機會，這麼專注的閱讀和體會。

不知道以上的描述，是否可以讓你更加了解「主動學習的歷程」？我的建議是，請先聚焦在目前可以瞭解的部份，暫時擱置感覺模糊或困惑的地方，後續我會更詳細說明相關的概念與學習方法。

最後，主動學習的歷程除了前面的圖示外，馬公高中的曾明鴻老師在課後給予回饋，他認為將「欣賞感謝」移到中心，畫成下圖的形式更好，更能凸顯「欣賞感謝」的重要性。我非常同意，覺得這是很棒的想法與呈現，也一併提供給大家，你可以選擇自己覺得比較適合或喜歡的方式來使用。

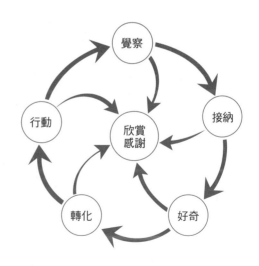

認識自己，姿態覺察

覺察自己的求生存姿態，就有機會創造一個停頓的時空，中斷即時反應，出現選擇不同反應的可能性，增添之前忽略的部分，趨向一致性的溝通，創造與他人真誠互動的過程，讓彼此更靠近、關係更親密。

6

認識自己，
從溝通姿態開始

「我工作了一天，帶著疲憊的身心回家，一進門卻看見滿地的玩具，到處都一團亂，就忍不住滿腔怒火，脫口對孩子咆嘯。當看見孩子一臉委屈、受傷的落淚，我心裡就有些過意不去，覺得自己的情緒沒有掌控好……。」

「那天主管信心滿滿的把工作交辦下來，雖然我認為不太合理，但因為不想讓他對我失望，帶著不安，我不太情願的答應了……事後很懊惱自己為何沒有把話說清楚。」

當你處在有壓力、身心疲憊或負向情緒積累過多……的情況下，很容易出現上述自動化的**即時反應**，在事後又覺得懊惱或後悔，因為它不是你可以理性控制的，而且在你意識到之前就已經表現出來了。如果覺察到這種情況，你會發現這早已不是第一次，過去、甚至從你很小的時候就已經常常發生了。這樣的覺察是很重要的，如同前文所說，「**沒有覺察，就沒有學習**」。

為什麼我知道，卻做不到？

最初，薩提爾女士在協助他人的工作中，發現人們常常在某些時候「心口不一」或「口是心非」，傳遞出兩種不一致的訊息，讓對方感覺困惑、誤解，也可能會激起對方防衛的反應。

「口」指的是說話的**口語**或表達的**字眼**，「心」代表著一個人的**非口語訊息**或**情感**，其中「非口語訊息」是指人們說話時的身體姿勢、行為動作、表情變化、音調高低、音量大小、語速快慢等等。

就像下頁插圖所示，太太心裡明明擔憂緊張，希望丈夫趕快回來，但等到丈夫終於回來了，脫口而出的卻是指責的話語，內心所想和表面的話語、行為是不一致的。

出現這種不一致性的反應，並非只是表面上看到的「有壓力、身心疲憊或負向情緒積累過多……」情況所導致，更重要的環節是，在有壓力的情況下，人們進入了**求生存狀態**。在這樣的狀態下，你會感受到威脅、不安全感，產生焦慮、擔心、無力，甚至憤怒的情緒，內心最深處感覺到「我不夠好」。在這樣脆弱的狀態裡，你為了保護自己，就非常本能的出現這樣的行為反應。

因此坊間教導如何溝通、如何調整情緒的書籍和演講，通常會讓我們比較明白自己的狀態，或知道了一些方法，但是，也會讓你感覺到懊惱，因為你知道這些道理，卻經常做不到。最根本的原因是，這些不一致性的行為反應是你從小在求生存狀態裡，經歷了十數年、甚至數十年所養成的習慣，當然不可能在很短的時間或僅用認知的方式就產生改變。因此，你可以對自己更寬容一點，允許自己慢慢來，只

要堅持下去，就會有足夠引起重大改變的進展。

覺察的起手式

　　在薩提爾女士的觀察裡，這種面對他人時不一致性的行為，相當普遍而且多樣。在她累積的經驗中，將其歸類成四種常見的反應模式：「討好、指責、超理智和打岔」。這四種反應模式，稱為「求生存姿態」，或是用中性一點的說法，稱為「溝通姿態」。

　　如果你開始學習薩提爾模式，想要藉此更加的認識自己、改善家人關係與人際互動，那麼就會接觸到薩提爾女士所提出的創意隱喻——「求生存姿態」。在工作坊中，我會邀請所有的學習者運用身體去體驗姿態，想像在壓力情境下，自己的**身體姿勢**、**口語的**

表達以及內心的情感（或感受），這三者是怎麼樣聯繫起來的。

　　這四個求生存姿態的體驗與學習，可以直接運用在你的生活當中，提昇自己在壓力下容易出現即時反應的**覺察力**，通常是學習薩提爾模式的起手式。

　　請記得的是，學習這四種姿態，不是要用來批判自己或他人，但我卻常常發現學習者會進入這樣的指責狀態裡。這種貼標籤的行為並非薩提爾女士的初衷，她希望我們提昇的是對自己或他人行為反應的覺察能力！

　　如果我們越能**覺察**自己的求生存姿態，就越有機會創造一個**停頓**的時空，讓我們中斷即時反應，而出現更多**選擇**不同反應的可能性，**增添**之前忽略的部分，讓我們趨向一**致性的溝通**，創造與他人真誠互動的過程，使得彼此更靠近、關係更親密。

　　這種一致性的溝通方式，不僅僅可以讓對方體驗到你的善意或認可，而產生溫暖、美好的感受，同時，也能讓對方感受到你的內在力量，以尊重的態度對待你。

7

你如何與他人溝通？

要瞭解四種求生存姿態，可以先從一**致性表達**的概念開始。

評估自己是否一致性表達的其中一種方式，是你在雙方的交流過程中，是否同時關注了「自我」、「他人」、「情境」三個部分，找到三者的平衡點，再據此進行表達？

也就是說，當我們「忽略」了這三要素的某些部分，就會讓我們無法「一致性表達」，而採用「求生存姿態」來保護自己。反之，若是明白了「求生存姿態」忽略了哪些溝通的要素，就可以透過「增添」的方式，讓我們更趨於一致性的表達。接下來說明這三要素。

溝通三要素

- **自我**：指的是我和人溝通時，是否關注到**自己這個人的價值、感受和需求（期待與渴望）**。例如，我在和對方互動時，是否看重我自己？是否關心自己的感受？是否在乎自己的需要？
- **他人**：指的是我和人溝通時，是否關注到**對方這個人的價**

值、感受和需求（期待與渴望）。例如，我在和對方互動時，是否**尊重或認可**他這個人？是否關心他的**感受**？是否在乎他的**需要**？是否可以跟他有**連結**？

● **情境**：指的是我和人溝通時，是否關注到此刻彼此處在什麼樣的**環境**。例如，在碰面之前各自的**狀況**如何？兩人目前的**關係**怎麼樣？共同要面對的**問題**是什麼？

這些提問所帶來的覺察，都將會影響彼此溝通的過程。

接下來在談四種溝通姿態之前，必須強調一個前提。溝通姿態是「**在有壓力的情境下**」，為了保護自我或和他人的關係，所產生的應對方式。換言之，在平時沒有壓力的自然情境下，即使行為看起來很類似，也不會將其歸類為四種溝通姿態。比如，你帶著發自內心的喜悅，想要送花給另一半，就不是「討好」，而是「取悅」。

因此，在有壓力的情境下，忽略了溝通三要素的某些部分時，雙方在溝通上就會出現以下四種姿態。

討好

當你不想做，卻擔心對方生氣或關係破裂，而帶著委屈不得不做時，或是一有不對勁或對方不開心，你就開始道歉時，就是處於「討好」的狀態。

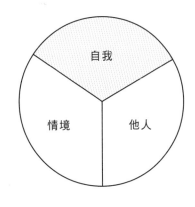

當我們認為**自己沒有對方來得重要**，就容易討好。以溝通三要素來看，**我們忽略了自己的價值、感受和需求**（如右圖塗上陰影的「自我」）。

反過來說，當我們覺察到自己在壓抑或委屈的討好時，就可以增添對於自己的看重，**確認自己至少和對方一樣重要**，並嘗試向對方適當的表達出自己的感受和需要。

指責

當事情一出錯，你就認為是別人的問題，或是對方表現不如預期時，你就生氣的責罵他，就是處在常見的「指責」狀態。

當我們沒有真正的尊重對方，**緊抓著自己的期待**，不接納期待

的失落時，就會引發生氣、憤怒或不耐煩的感受，而忽略了對方的價值、感受和需求（如右圖塗上陰影的「他人」）。

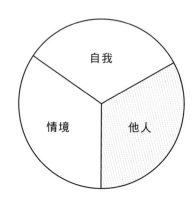

反過來說，如果發現自己正在生氣，想要指責對方時，可以選擇停頓下來，讓自己更多的**關注對方的價值和狀態，帶著尊重與好奇心**去試圖瞭解對方的感受、想法和需要。

超理智

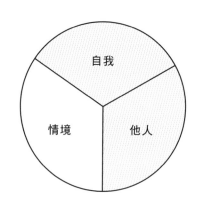

當對方哭泣或是有情緒時，你卻告訴他「哭／情緒不能解決問題」，或是你自己明明很有情緒，卻有意無意的壓抑、忽略，只想要解決眼前的事情，就是處在「超理智」的狀態。

當我們僅僅**專注在解決問題、針對事情去處理**，認為情緒、情感或個人需求反而會礙事，就會忽略了彼此作為「人」的價值、感受和需要（如右圖塗上陰影的「自我」和「他人」）。

因此，若是我們覺察到自己過於冷靜而沒有感覺時，就可以稍微

暫停一下，連結自己的感受或狀態，並試著去體會與理解他人的心情，會讓我們變得比較柔軟、比較有情感的去處理彼此面對的挑戰。

打岔

當你感覺到彼此的溝通狀態變得緊繃或尷尬時，你很快的顧左右而言他、轉移焦點，或是當你看到他人相互爭執的場景，就不由自主的想逃離現場，表示處在「打岔」的狀態。

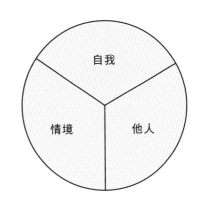

當我們感覺到焦慮、不安或害怕時，可能會**有意識或下意識地不想面對**，認為自己既處理不了所處的情境，同時也顧不了自己和對方的感受或需要（如右圖塗上陰影的「自我」、「他人」、「情境」）。

當我們覺察到自己逃離、退縮或是迴避時，需要用更多的心力，陪伴自己當下的感受，穩定自己的能量，才能去接觸與連結他人的狀態，有機會面對彼此的關係和處境。

• • •

上述的溝通三要素是用比較認知的層面去理解，接下來我想邀請閱讀此文的朋友，此刻或是找一個適合的時間和空間，用另一種方式來「體驗」這四種溝通姿態。

體驗溝通姿態

　　通常在工作坊中，我會邀請大家做出四種溝通姿態的雕塑（sculpting），同時想像你在這樣的狀態裡，會說出什麼話？內心的感受是什麼？如同前文所說，運用自己的身體去體驗姿態，想像在壓力情境下，自己的**身體姿勢、口語的表達以及內心的情感（或感受）**，這三者是怎麼樣聯繫起來的。

　　這些溝通姿態是一種隱喻，並非在生活中真的會擺出這些動作。你也可以擺你想像中更貼近姿態的動作。

討好　　　　超理智　　　　打岔　　　　指責

● 討好

姿勢

上圖是討好的身體姿態，最常見的是單膝下跪，一手向上狀似向他人乞討，另一手可能是護住自己的心口或是胃部。

維持這樣的姿勢，體會一下身體哪裡有感覺緊繃或不舒服。

口語

此刻，想像你的面前站著一個人，是你最容易去討好的人，可能是父母、伴侶或是孩子。你和他有不同的想法或期待，但不想讓對方不開心或生氣、不想破壞彼此的關係。請問這時的你會說出些什麼話？請給自己一點時間去想像、回憶和體會，並且真的出聲說出來。比如：「是！我會去做！」「對不起！我錯了！」「你不要生氣好不好？」「求求你……」等等，請想想看哪些話語容易在此時冒出來？

感受

當你說出或想到上述那些話語以後，請覺察一下內心的情緒，你的心情是什麼？這裡沒有標準答案，因為每個人會有不同的體會。比如說，可能是委屈？害怕？難過？壓抑？無力？……通常不只一個，也許你會感受到更多或是不一樣的情緒。

如果此刻你可以細心地體會這三者（姿勢、口語和感受）的連結，那麼將會在日常生活中，提升自己對討好狀態的覺察力。

◔ 指責

姿勢

上圖是指責的身體姿態。其中一腳往前踩一步，感覺比較有攻擊性，更有威脅感，然後一手往前直伸、食指指向對方，另一手叉腰，一般戲稱這樣的姿勢如同茶壺。

維持這樣的姿勢，體會一下身體哪裡有感覺緊繃或不舒服。

口語

此刻，想像你的面前有一個人，是你最容易去指責的人，可能是父母、伴侶、孩子、朋友。你對他的行為表現不以為然，這讓你感覺不開心或生氣，你想讓他明白或是改進。請問這時的你會說出些什麼話？請給自己一點時間去想像、回憶和體會，並且真的出聲說出來。比如：「你看看你老是……」「我說過多少遍了，你總是……」「為什麼你又這樣？」「這都是你的錯！」「你們都不在乎我！」等等，請想想看哪些話語容易在此時被你說出來？

感受

當你說出上述那些話語以後，請覺察一下內心的情緒、心情是什麼？通常在指責的狀態中，容易感受到生氣、憤怒，但是生氣和憤怒不會是最初的情緒，它比較像是保護其他比較隱微、脆弱情緒的表面情緒。如果此刻你可以和生氣或憤怒的情緒共處半分鐘，同時去感覺一下在它背後或是在它出來之前，是否有其他的感受存在著。

如果你能覺察到比較隱微、脆弱的情緒，比如受傷、無力、悲傷、害怕……還有很多、很多細微的感受，那麼表示這時你更加的認識自己了！再一次的，當你覺察之後，就啟動了自我學習的歷程，會有很多的學習和收穫，情緒也很自然的舒緩下來。

請試著體會這三者（姿勢、口語和感受）的連結，提升自己對於指責狀態的覺察力。

◦ 超理智

姿勢

上圖是超理智的身體姿態。你可以兩腳直直的站立，雙手抱胸並高高抬到下顎的高度，眼睛往上看著他人的頭頂，彷彿在看著真理或大局……。

維持這樣的姿勢，體會一下身體哪裡有感覺緊繃或不舒服。

口語

此刻，想像你的面前站著一個人，是你最容易用超理智面對的人，又或是如果你極少使用這樣的姿態，也可以扮演你身邊會出現超理智姿態的人，體驗自己處在明白一切且看重真理或大局，或是只想解決問題的這個狀態。

請問這時的你會說出些什麼話?請給自己一點時間去想像、回憶和體會,並且真的出聲說出來。比如:「人活著就需要解決問題,逃避是沒有用的。」「按照規定,我必須這樣處理……」「難過(情緒)是解決不了問題的!」「就這樣!該怎麼做就怎麼做,不必多說。」等等。記得聲調是平靜、沒有起伏的。

感受

當你說出上述那些話語以後,請覺察一下內心的情緒、心情是什麼?可能沒什麼感覺,或是隱隱然有悶悶、模糊、說不上來的感覺?還是冷冷、平靜的感覺?或者有種高高在上、睥睨一切的感覺?

請體會這三者(姿勢、口語和感受)的連結,提升你對超理智狀態的覺察力。

♦ 打岔

姿勢

上頁圖是打岔的身體姿態。你可以像圖中人物般，整個人沒有力氣的垂下去，身體姿勢也保持著晃動、移動，眼睛游移，只看地面或其他地方，但就是不接觸他人的眼光。另外，也可以試試另一個姿勢，蜷縮在某個角落裡，把頭埋在身體中，感覺一下是什麼狀態。

維持這樣的姿勢，體會一下身體哪裡有感覺緊繃或不舒服。

口語

此刻，想像你在某種處境裡、面前有個人，是你最想打岔的狀況，你可能覺得做不了什麼，感覺很不好，或只能逃離，又或者你也逃不開，只能轉移注意力……。請問這時的你會說出些什麼話？請給自己一點時間去想像、回憶和體會，並試著出聲說出來。比如：「什麼？我沒聽到？」「今天天氣還不錯！」「我不記得了！這也不重要！」「算了！不如去看電影吧？」「這跟我沒關係！」「我不想管了……」等等，語調可以是輕挑、不在乎的。

感受

當你說出上述那些話語以後，請覺察一下內心的情緒、心情是什麼，不安？害怕？焦慮？無力？心煩？……

再次體會這三者（姿勢、口語和感受）的連結，提升對打岔狀態的覺察力。

· · ·

學習這四種求生存姿態的主要目的是：增加自己的覺察力！有時候會發現有些朋友，包括我自己，在初學時容易將這四種姿態的覺察，運用在批判自己或他人上，如：「你看，你又打岔了！」「我怎麼老是會討好別人呢？」等，替他人或自己貼上標籤，這樣就偏離了學習這四種姿態的本意，那是很可惜的。

接下來，我會用另一個角度看待求生存姿態和一致性，讓我們更加尊重（而非批判）求生存姿態，以及它們背後所潛藏的資源。

8

如何達到一致性表達？

　　許多朋友學習薩提爾模式，知道一致性的重要，但是常常會對於如何進行一致性的表達，感覺到困惑及不知所措。

什麼是一致性？

　　當我們越來越懂得覺察自己的求生存姿態，就有機會創造一個停頓的時空，出現更多選擇的可能性，增添之前忽略的溝通要素，讓我們趨向於「**一致性的溝通**」。

　　一致性的溝通方式不僅僅是一個**溝通姿態**，更是一個**選擇**、一個你願意堅持的信念、一個不卑不亢、頂天立地的**態度**、一種**面對生命的狀態**。

　　在一致性的姿態裡，你的自我價值感是高的、生命力是旺盛的。因此，「一致性的姿態」和「高自我價值感」兩者互為因果、互相影響，也就是說，當你擁有高自我價值感的時候，才比較能有一致性的表達，反過來說，在你終於可以趨於一致性的表達時，就會提昇自我價值感。

前面提到，如果有薩提爾模式的學習者問我：「薩提爾模式最重要的核心概念是什麼？」我會說是「自我價值感」。**但如果能選兩個概念的話，我會說是「自我價值感」和「一致性」。**

• • •

接著，我會先提供評估「自己是否是一致性表達」的方式，讓大家在理解一致性表達的概念上能更清楚，在進行自我練習時，也比較有一個方向可以依循。

評估自己是否是一致性的表達，第一個自我的提問是：「**此刻的我是否具有高自我價值感？**」因為在高自我價值感的狀態裡，你由內而外自然散發出來的表達，幾乎就會是一致性的。反過來說，當你的表達不一致時，就意味著你的自我價值感是比較低的狀態。

第二個自我的提問是：「**我的『口語表達』與『非口語的呈現』兩者方向是否相同？**」（可參考第6章的說明）

第三個自我的提問是：「**我是否在表達過程中同時關注了『自我』、『他人』、『情境』，並找到三者的平衡點，再據此進行表達？**」

溝通三要素的運用

一致性溝通的三要素：「自我、他人、情境」，看似相當簡單，但是，它可以有相當深入的理解和運用。

進行一致性表達可以分成兩個階段，一是自我探索與轉化，二是尋求平衡的表達方式。這兩個階段都可以運用三要素來提醒或檢核。

以下我舉一個例子來說明：

一位母親在忙碌工作之後回到家，一進門就看到小學三年級的兒子在看電視。於是她問了一句：「你功課寫了沒？」結果兒子一語不發，關了電視就走回房間。

這樣的親子互動是很常見的日常情況，我們很多時候就不再多說什麼，各自做自己的事，不會針對這種情況進行進一步的溝通。但是，如果這位母親不太喜歡現狀，還想做些什麼，但又不想和孩子鬧得不歡而散，就可以根據以下方式來進行溝通。

● 第一階段：自我探索與轉化

先覺察自己的感受。她覺得自己其實有些生氣、懊惱（**感受**），生氣是因為已經跟孩子說過很多次，要先寫完功課才能看電視，但是看到兒子剛回來不久就坐在客廳，顯然還沒寫功課（**觀點**）。懊惱是每次似乎都重複這樣的互動模式，搞得兩人都不開心（**觀點**）。在這個情況裡，她真正想要的是什麼呢（**期待或需要**）？

她想要自己能夠比較心平氣和，不要那麼快就有情緒（**期待一**），希望和孩子可以好好說話、親子關係是靠近的（**期待二**）。當然，也希望孩子能為自己負責，把功課寫完（**期待三**）。

明白自己真正想要的情況後，透過想像讓自己體驗上述三個期待

達成的場景，像觀看3D電影一樣，讓自己走進去，感受那樣的滿足和喜悅，並且**相信自己值得擁有**這樣的幸福和滿足（**體驗自己的「渴望」**，可參考第16章）（當然，學過「冰山」的朋友可以用更複雜的方式來探索與轉化。）

這時，她會感覺到自己已經平靜許多，便能**開始體會**孩子剛剛的狀態，孩子被中斷了看電視的樂趣，當然不開心（**觀點和感受**）。此外，被媽媽問的時候，因為被抓包而有些不好意思（**觀點和感受**），卻不想表現出來，反而呈現出不高興的樣子。對他而言，他可能剛下課想要看個電視放鬆（**期待一**），也希望媽媽可以多了解他、認可他，而不是一直要求和指正他（**期待二**）。同時他也會希望自己能寫完功課，並且維持不錯的學習成績（**期待三**）。這時，雖然都是媽媽的猜測，但對孩子有了更加清晰的理解與寬容。

接下來再評估，要不要和孩子談談？要在什麼時間談？現在還是吃完飯後？在哪裡談？在他的房間還是客廳談？要談些什麼？要如何談？當這些提問比較清楚之後，就可以嘗試進入第二階段的對話與表達了。

說明

當你面對他人感覺到壓力，或是彼此之間的關係有張力時，首先，把注意力放在「自我」的狀態，覺察自己的感受、感受背後的想法，以及此刻你對他人或自己的期待。如果你已經學習過冰山，就可以運用冰山加以探索與轉化（若你還不了解冰山，我會在後續章節介紹）。或是可以先透過「主動學習的歷程」，讓自己感覺到比較放

鬆、平靜、有能量、自我價值感提昇，這時候你的狀態才能回復平穩，也才有餘力去了解對方的狀態。

接下來將注意力轉移到「他人」（對方）身上，試著猜測、好奇他此刻的情緒（感受）、他是怎麼想的（觀點）以及他想要什麼（期待）。猜測是重要的環節，尤其是你所熟識的人，你對他的猜測可能會比較接近他內心的狀態，當然，如果不確定或是想要確認、核對，可以運用好奇的問句來更了解對方的狀態。

最後，把注意力放在對「情境」的觀察和理解，看看此刻溝通的環境如何影響雙方，有無調整的需要和可能？溝通的時機是否適當？此刻兩人要面對的問題是什麼，是否需要彼此釐清？

上述「自我」、「他人」、「情境」的順序是重要的原則，但是「凡原則必有例外」，或許有些情況需要調整次序，或是來回的評估與核對。要注意的是，「自我」的探索和轉化是第一優先，沒有先進行這一步很難再進行下去，就算硬要進行下去，也不容易有實質、正向的效果。

● 第二階段：尋求平衡的表達方式

這位媽媽決定敲門，走進兒子的房間：「現在可以和你聊聊嗎？」她提出**邀請**，但接納孩子拒絕的可能，之後再另找適當時機。

兒子不說話，繼續寫作業。沒有清楚的拒絕，媽媽決定繼續一**致性表達**：「○○（兒子的名字），我猜你現在可能不太開心，不是很想說話，因為你可能覺得我剛剛在責備你沒寫功課，其實你可能是想先看電視放鬆一下再寫功課，但卻被我誤會是在偷懶了，是嗎？」

（同理「他人」並進行核對）

　　如果這是初次嘗試，孩子通常不太會有回應，但是可以從他的肢體動作的放鬆和表情的柔和，感覺到他被同理後的反應。當然，有的孩子會在此時直接脫口而出他的不高興：「你每次都這樣！」這時，你可以理解到這是進展，因為他開始有反應了，你可以繼續同理他：「你不喜歡我這樣問你，因為這讓你覺得被責備？」

　　回到孩子沒有回應但感覺比較放鬆的狀態，你可以繼續表達：「我剛剛也感覺到這樣的過程不太舒服，也很關心你現在的心情，希望我們之間可以好好的溝通，所以很想要和你聊聊。」（「自我」的感受與需要）

　　此刻可以停頓一下，看看他的表情或反應，如果沒反應是很正常的，因為他可能也不知道要如何接話。你可以感覺一下自己，說完這些後，自己的心情和身體感覺是否有變化？如果感覺比較舒服和放鬆，就表示你剛剛所說的話是比較貼近自己和對方的表達；如果還是一樣緊繃和僵硬，就表示還需要更多的練習和學習，請給自己多一些時間，不需要因挫折就停下來或放棄。

　　如果感覺比較舒服和放鬆，接下來可以有一些詢問和對話，比如：「以前我直接規定你要怎麼做的方式不太好，從現在開始，我想和你討論你要怎樣安排自己的時間，我會尊重你的想法，比如想先看一下電視放鬆，再寫功課之類的。只要我可以了解你的安排，就會比較放心。你覺得呢？」這是一個邀請，邀請對方協商、解決問題，處理「情境」的一部分。當然，邀請就意味著他也可以拒絕，若是如此，就另找時間再談。就算兒子的拒絕會讓媽媽感覺有些挫折，但這

並不是失敗，因為接納孩子的拒絕，也在傳遞著「自己真的尊重對方意願」的訊息，對於往後的溝通，奠下了一個良好的基礎。

說明

在第一階段對於「自我」、「他人」、「情境」進行了更多的覺察、評估與轉化之後，第二階段則根據這三要素來進行平衡的表達。

所謂「平衡的表達」，指的是你是否真正的接觸到自己的**渴望**，再根據「他人」和「情境」的不同狀態，調整自己的期待？面對不同的「他人」和「情境」，對方此刻的狀態、彼此親疏遠近的不同、從過去到現在兩人關係的變化、兩人之間的利益或權力的糾結，以及此刻的時機是否合適、環境是否安全和安靜，都在影響你要怎麼說？要說什麼？要說多少？

表達的順序是：先面對「自我」或「他人」的情緒和需要，以及兩人的關係，然後再一起面對「情境」中的困難、問題或挑戰。

提醒

以上是運用溝通三要素進行一致性表達的範例，不會與你遭遇的情況完全相同，但可以協助你理解運用的原則，再根據自己實際的情況加以調整或是更有創意的運用。

此外，這是一致性表達的例子，還不到對話的階段，但若能一致性的表達，才能成為適當的開場，之後可以更好的運用相關的提問，進行一致性的對話。

如果上述的例子讓你感覺到太困難，請你明白，這是學習薩提爾模式比較久的人的狀態，這例子是為了說明如何運用溝通三要素而達到一致性的表達，但不是告訴你，你現在看完文章就可以做到。

　　我認為，如果你願意繼續參考本書的概念和練習，進行薩提爾模式相關的學習，尤其是在探索自己內在歷程（冰山）的部份有更多的練習和心得之時，再回看這部份的概念和基本原則，將會對你和他人（伴侶、孩子或學生）的互動，有很好的參考作用。

9

接納不一致的自己

接下來，我會繼續透過三要素，將一致性的狀態以及四種求生存姿態的概念進一步整合，並且讓我們更了解四種姿態的不同資源，以及對「求生存狀態」的接納與尊重。

求生存狀態不是不好而應該要改掉的嗎？為何要對「求生存狀態」接納與尊重呢？因為，如果你不喜歡它、認為它害你受到限制和痛苦，就會讓你更加看不見過去成長中得到的資源，以及當年的不得已，也就更加不能認可過去的自己，因而讓你很難認可現在的自己。反之，認可與接納自己的過去和現狀，是真正可以**看重自己**的開始！

對「溝通三要素」的不同理解

一位資深的薩提爾講師，也是我的老師、學姊和學習同儕，有次問我：「溝通三要素的圓圈，代表什麼意思？」她說，很久以前老太太（瑪莉亞‧葛莫利是我們共同的老師，她的臺灣學生暱稱她為老太太）也曾問過她。

我想了想，說：「圓圈可能代表著完整，關注『自我、他人、情

境」三部分形成一個完整的溝通狀態；也可以代表平衡，尋求『自我、他人、情境』三者平衡的溝通或表達。」至今回想，我仍然覺得**「完整而平衡」**是對這個圓圈的適當詮釋。

不過，在多年的學習和思考中，我想用另一種圖示來呈現我的理解[3]。以下是我對溝通三要素另一種的理解和呈現：

對於自我、他人、情境這三要素，我有一個重要的理解是「自我」和「他人」之間的關係，最理想的就是馬丁·布伯（Martin Buber）的《我與你》（*I and Thou*）中所談的一對一的關係。

所以，「自我」就是「我」，和他人對話的主體，而「他人」是指當下我們正在面對和溝通的「對方」，也就是「你」，這是「互為主體性」（Intersubjectivity）的關係，而非一般容易落入的「我和它」（I-It）、把對方物化的關係。

3　在此需要聲明一下，瑪莉亞老太太提醒我們，她很在乎薩提爾女士原汁、原味的教導，並以傳遞薩提爾原初的教導為她的使命。所以，我們用自己不同的詮釋和分享的創意去呈現薩提爾的精神很好，但要說明哪些是薩提爾女士的原典，哪些是我們自己的解讀、延伸和創意。

此外，「情境」是複雜而豐富的背景和脈絡，在空間上，它是涵蓋了「我」（自我）和「你」（他人）的一個整體。比如說，當我在宴會或聚會一群人當中，和某人對話時，我和這個人就形成了「我和你」的關係，其他人就退到「情境」（背景）之中，而當我下一刻換和另一人交流時，對方就成為新的「你」，而之前對話的對象就回到「情境」的背景中。換言之，一對一「我和你」的真實關係，是團體、組織或家庭多人複雜關係的必要基礎。

如果，再把薩提爾對於人的隱喻「冰山」放進來看，就可以用下圖來呈現。

這是一個立體的圖示，「自我」和「他人」兩個人，就是兩座「冰山」。這種呈現方式會提醒我們看一個人的整體、全貌，不管是我自己還是對方，都要關注兩人的內在歷程，關注兩個人的行為、溝通姿態、感受、觀點、期待、渴望和生命力。同時，也提供我們在表達時，可以表達內在的這些部分，尤其是**感受和渴望**。

以上不同圖示是為了呈現不同的理解，以及添加和整合一些重要的觀點，幫助我們可以有更豐富的思考與運用。如果再將另一個概念「原型」加進來，就會形成我在一開始所說的：將一致性的狀態以及

四種求生存姿態的概念進一步整合，並且讓我們更了解四種姿態的不同資源，以及對「求生存狀態」的接納與尊重。

四種原型的介紹

史蒂芬‧吉利根（Stephen Gilligan）的《愛與生存的勇氣》（*The Courage to Love*）[4] 這本書讓我對於人的內在狀態有了相當核心的理解，至今仍深深地影響我，並幫助我將它的概念和薩提爾模式進行了一些整合。

吉利根在書中把人的心理狀態區分成兩個部分：「身體自我」與「認知自我」，如果一個人同時經驗到這兩個自我，而沒有認同於其

---

4 《愛與生存的勇氣：自我關係療法的詮釋與運用》（*The Courage to Love*）（生命潛能出版社，2005）是新竹的王理書老師介紹給我們的，當初她擔任我在全人中學輔導組的督導，在每兩週進行一次的團體督導中提及，我看了之後覺得非常受用。很可惜的是，本書已經絕版。

中之一，就形成了「關係自我」。

在我的理解裡，「身體自我」是指非意識層次、生命中的真實體驗所形成的部份；而「認知自我」是指意識層次、理性認知的部份。「關係自我」則是指包含上述兩個部分的一個整體自我。

如果「認知自我」忽略、否定或壓抑「身體自我」，或是「身體自我」凌駕、淹沒了「認知自我」，這個人就會產生心理和行為的問題或症狀。反言之，如果兩者是相互合作、彼此支持的關係，就會形成正向的「關係自我」，也可以說是「**整合的自我**」。

吉利根認為「身體自我」是在身體中儲存的種種自然而真實的經驗，這些經驗不只來自個人，也有來自人類集體的，換言之，「身體自我」的運作不斷地受到個人獨特的經歷和人類集體的經歷所影響。而人類集體的經歷形成了具有普遍性的議題、象徵和關係模式，如：愛與被愛、保護生命與維持差異和界限、給予祝福與提供每個人社會位置、療癒創傷與改變個性，這些人類共通的模式或能量被稱為「原型」（archetype）。

吉利根在書中所談到的「原型」概念，雖然源自於榮格（Carl Gustav Jung）的理論，但是他根據自己的理論而歸納出不同的分類，提出了四個原型：**愛人者、戰士、國王／皇后、魔法師**。

這「身體自我」的四種原型也是四種能量，在正向、整合的「關係自我」中呈現的是光明面（正向特質），而在負向、沒有整合的「關係自我」中則呈現出陰暗面（負向特質）。

如圖所示，愛人者的正向特質是「接納、交流」，陰暗面是「沉溺」。戰士的正向特質是「自然力、使命感與界限」，陰暗面是「暴怒、侵犯」。國王／皇后的正向特質是「卓絕、正義、次序、歸屬、祝福」，而陰暗面是「詛咒、專制」。魔法師的正向特質是「轉變、療癒、魅力」，陰暗面是「欺騙」。

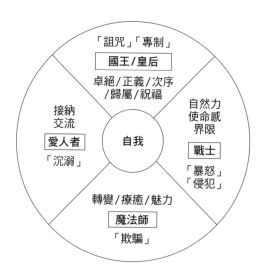

吉利根說：

重要的是這些原型沒有一個是你。如同榮格多次強調的，最重要的原型是自我，總是尋求在世間覺醒過來。當那自我被覺知，不同的原型學著合併成為你獨一無二的展現，你繼續把愛的力量整合到你的生命之中。（摘錄自《愛與生存的勇氣》）

從薩提爾模式的角度來看，當你和自己（Self）／生命力（Life Force）連結之後，將能轉化過去的限制與求生存姿態，而將其發展與整合成你的資源，形成個人獨特的存在與展現。

求生存姿態與它的資源

在我過去的學習與思考中，發現上述四種原型的概念和薩提爾模式的四種求生存姿態有著相對應的連結，四種原型的陰暗面和四種求生存姿態也相當類似，而四種求生存姿態轉化成一致性之後，就出現了四種原型的正向特質。

當自我價值感提昇時，生命力也跟著提昇，我們就從「求生存狀態」進入了「成長狀態」，溝通也從不一致性的求生存姿態，轉變成一致性的姿態。過去很容易把一致性的姿態視為「第五種溝通姿態」，但是我們會發現不同的求生存姿態所轉化出來的一致性狀態，也會有不同的正向特質。

請看以下的圖示與說明：

● 討好姿態與它的資源

如圖所示，當一個人的自我價值感低落時，可能就會想保護自己，變得不一致而忽略了「自我」的感受與需求，形成「討好」的求生存姿態。當自我價值感提昇時，就有能量去「關注自我的感受與需要」，同時，討好姿態所潛藏的種子／資源「關懷、敏銳」也浮現出來，變成了具有「愛人者」正向特質的一致性狀態。

換言之，若能提昇自我價值感，**添加**所忽略的「自我」部分，「討好」姿態將會**轉化**成充滿關懷、包容的「愛人者」能量。吉利根提出「愛人者」的代表性人物是充滿關懷與無條件接納他人的治療師「人本主義之父」卡爾·羅哲斯，以及終身奉獻貧困人們的德蕾莎修女（Mother Teresa）。

● 指責姿態與它的資源

當一個人的自我價值感低落、想要保護自己，變得不一致而忽略了「他人」的感受與需求，就形成「指責」的求生存姿態。當自我價值感提昇時，就有能量去「關注他人的感受與需要」，同時，指責所潛藏的種子／資源「自我肯定、捍衛自我權利」被浮現出來，形成了具有「戰士」正向特質的一致性狀態。

換言之，若能提昇自我價值感，添加所忽略的「他人」部分，「指責」姿態將**轉化**成擁有保護力量、設定界限的「戰士」能量。吉利根認為「戰士」的代表性人物是不斷挑戰與面質案主的「理情行為治療之父」亞伯·艾里斯（Albert Ellis），以及出類拔萃的運動員「籃球之神」麥可·喬登（Michael Jordan）。

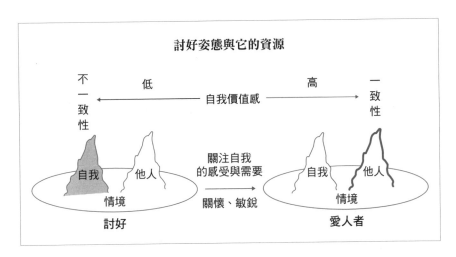

討好姿態與它的資源

在討好的姿態裡，「自我」被忽略（以塗黑呈現），當自我價值感提升時，將能關注自我，並一致性地發揮愛人者關懷「他人」的特質（以粗線強調）。

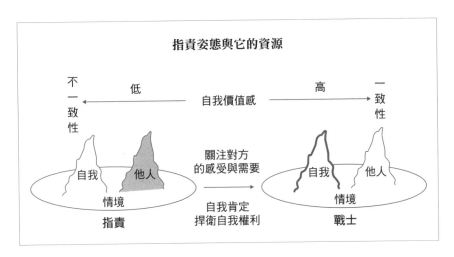

指責姿態與它的資源

在指責姿態裡，「他人」被忽略（以塗黑呈現），當自我價值感提升時，將能關注他人，並一致性地發揮戰士捍衛「自我」的特質（以粗線強調）。

◆ 超理智姿態與它的資源

當一個人的自我價值感低落、想要保護自己，變得不一致而忽略了「自我」和「他人」的感受與需求，形成「超理智」的求生存姿態。當自我價值感提昇時，就有能量去「同時關注彼此的感受與需要」，同時，超理智所潛藏的種子／資源「聰明、理智、有解決問題能力」被浮現出來，就形成了具有「國王／皇后」正向特質的一致性狀態。

換言之，若能提昇自我價值感，**添加**所忽略的「自我」與「他人」的部份，「超理智」姿態將**轉化**成能解決問題、鳥瞰世界一切、給予他人位置與祝福的「國王／皇后」能量。吉利根認為「國王／皇后」的代表性人物是總能神奇的賦能與認可他人的「家族治療大師」維琴尼亞・薩提爾（Virginia Satir）女士。

◆ 打岔姿態與它的資源

如圖，當一個人的自我價值感低落、想要保護自己，變得不一致而忽略了「自我、他人與情境」，形成「打岔」的求生存姿態。當自我價值感提昇時，就有能量去「同時關注彼此以及情境的需要」，同時，打岔所潛藏的種子／資源「幽默、創意、有彈性、能轉化情境」被浮現出來，就形成了具有「魔法師」正向特質的一致性狀態。

換言之，若能提昇自我價值感，**添加**所忽略的溝通三要素，「打岔」姿態將能**轉化**成幽默、有彈性又能轉化情境的「魔法師」能量。而吉利根認為「魔法師」的代表性人物是與潛意識巧妙工作的催眠大師「現代催眠之父」米爾頓・艾瑞克森（Milton H. Erickson）。

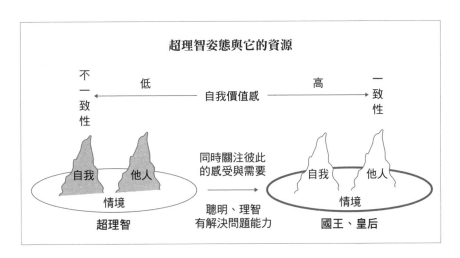

在超理智姿態裡，「自我」與「他人」被忽略（以塗黑呈現），當自我價值感提升時，將能關注彼此，並一致性地發揮國王／皇后守護國土（即「情境」）的特質（以粗線強調）。

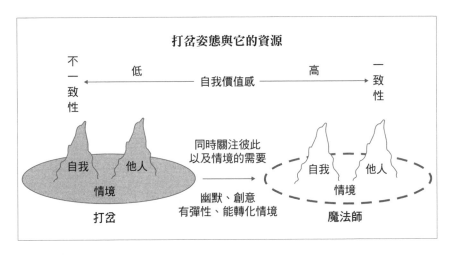

在打岔姿態裡，「自我」、「他人」與「情境」均被忽略（以塗黑呈現），當自我價值感提升時，將能夠關注三者，並一致性地發揮魔法師跳脫、轉化、重構「情境」的特質（以虛線強調）。

在薩提爾模式的學習裡，四種求生存姿態是我們過去在成長過程中用來保護自己的方式，但後來卻變成與他人形成距離而無法靠近的習慣模式，因此我們很容易因為一時還做不到一致性的狀態而自責。雖然薩提爾模式已經強調這四種求生存姿態有它的種子或資源，但許多學習者仍不太能接納自己習慣的求生存姿態，因此若能加入「愛人者」、「戰士」、「國王／皇后」、「魔法師」四種原型的隱喻，來整合與細緻化一致性的狀態，會對於容易自責或不接納自己現狀的學習者，有著更能激勵自身接納現狀與自我認可的作用。

要提醒的是，吉利根強調這四種能量並不是單獨存在的，而是一個人可以同時擁有的。比如薩提爾女士雖然更明顯的是她賦能與認可他人的「國王／皇后」能量，但她也擁有讓人總是感覺到溫暖、包容的「愛人者」能量，同時她像「戰士」般堅定的相信你的存在價值、不容質疑，並看到她協助人們重新架構（reframing）、轉換新的眼光看待自己的「魔法師」手法。

因此，上述的代表性人物均擁有不同比例的「愛人者、戰士、國王／皇后、魔法師」四種能量。同樣的，當你在面對挑戰時，可以更好的**連結自己**，如第108頁的圖，你可以想像「愛人者」的能量（或代表性人物）在你左手邊，「戰士」的能量（或代表性人物）在你右手邊，「國王／皇后」的能量（或代表性人物）在你的上方，「魔法師」的能量（或代表性人物）在你的下方。你可以選擇如何發展與運用這四種能量，這會讓你如何看待自己？你會有怎麼樣的感受？

如果你回過頭來看見自己身上的求生存姿態，可以看重它所隱含的資源，認可自己身上擁有的「愛人者」、「戰士」、「國王／皇后」、「魔法師」四種能量，因而對自己有更多的尊重與看重，那就是我引用吉利根的概念，整合進薩提爾模式所要達到的目的了。

　　最後，求生存姿態是受到原生家庭影響所形成的應對狀態，而**認可與接納自己的過去和現狀，是真正可以看重自己的開始**！因此，回顧原生家庭，進行探索與轉化，將會深入的改變自己面對壓力的求生存姿態與應對模式，形成自我療癒最重要的背景。

2

追本溯源，原生家庭

來自過去的影響力會緊緊地束縛和限制我們前進的腳步。像是你奮力往前之際，卻逐漸感覺舉步維艱，回頭一看，只看到過去那些急於擺脫的不愉快經驗，卻沒有覺察在這些過去的經驗中，連結了數條看不見的彈力繩，緊緊地綑綁在你的身上……

10
代代相傳的「文化基因」
——原生家庭的影響力

　　一位母親和我談到她在教養上的困擾，她說自己每次看自己的女兒（老二、國中生）很容易會有情緒，忍不住就會責備女兒，但兒子（老大、高中生）就比較乖、比較貼心，她列舉了許多女兒的問題，尤其很會頂嘴與對抗這點，讓她更難以管控自己的情緒。

　　在初步了解這位母親的情況以後，我們進入另一階段的提問。

　　「妳中學時代的成長經驗是怎麼樣的？」我問這位母親。

　　「我過得很不好，讓父母很擔心……我很後悔！」她忍不住流下了眼淚。

　　原來，她在青少年時期覺得父母不了解她、不愛她，所以常常用對抗的方式去應對父母的管教，讓他們很頭痛，自己也在外面和朋友做了一些讓父母傷心的事情，現在想來很愧疚、很難面對。

　　「這樣的成長經驗，如何影響了妳面對女兒的方式？」我進一步地邀請她連結過去和現在的經驗。

　　她沉默了一陣子之後，找到這樣的聯繫：「……我不希望她像我

當年一樣，跑到外面結交壞朋友，所以我會嚴格限制她出去的時間，要她盡量待在家裡。」

「這是很好的連結，還有其他的部份嗎？」我鼓勵她找出更多不同層面的連結。

這次她沉默得更久，更加若有所思的說：「……她和我當年的脾氣一樣差，很容易生氣。」

「可不可以這樣說？你看到女兒生氣的時候，會比較容易想到當時的自己？」

「……好像是耶！我從來沒有這樣想過，經你這樣一說，我覺得好像真的是這樣，看到她發脾氣，我很難接受，就更生氣了！」

接下來，我慢慢進入到協助她轉化的過程，在此暫時略過。

但從上面這段對話，可以看到母親的情緒管控和教養女兒的方式，都和她的成長經驗有關。

首先，她青少年的成長經驗就是使用對抗、指責的方式表達憤怒，所以現在面對母女衝突時，也習慣性地使用相同的**應對方式**。

其次，她對當年的行為感到愧疚、懊悔，期待自己當年可以更加的循規蹈矩，得到父母的認可，不會傷了他們的心。但是，這樣的期待已經無法達成，現在則希望自己的女兒不要走上同樣的路。這在薩提爾模式中稱為「**未滿足期待**」。一般人都有未滿足期待，長大之後容易下意識地在自己所建立的家庭或生活中，尋找實現的可能性，只是實現這一期待的人，不只是本人，還可能擴大包含了伴侶或子女，甚至是其他人，形成了對他們的期待。

第三，這位母親不能接納自己當年的行為，也讓她回想起這段時

期，感覺自己很糟糕，自我價值感也容易跟著變得低落。當看到女兒很像當年的自己時，就更容易產生憤怒的情緒。也許女兒的行為本身的確有讓她生氣的部份，但其實**她更氣的可能是當年的自己**，只是還沒有意識到，以為都是對於女兒的生氣，也就因此容易動不動就對女兒生氣了！

有些人看了這段對話，可能會好奇，為何我會開始詢問這位母親的成長經驗呢？除了我與這位母親對話時，她描述對女兒的生氣，在強度（很小的事情會生很大的氣）、頻率（經常發生）、對象（只針對女兒而不包含兒子）上，我都感覺到不太尋常。其實更重要的是，在我教學及會談的經驗裡，大部分人大多數的困擾，幾乎都可以連結到原生家庭的成長經驗。換句話說，我們每個人身上除了帶著來自父母的生物基因以外，也都帶著來自家族代代相傳的「文化基因」。

原生家庭對我們的影響力，至少可以有兩種不同的角度去了解與探索，其一是家庭成長經驗會內化成我們的「行為反應模式和內在的運作習慣」，也就是薩提爾模式所談的「冰山」。

冰山的傳承

在薩提爾模式的信念中，認為原生家庭的成長經驗已經在十八歲之前，形塑了我們內在運作的主要模式了。「十八歲」指的是我們成年的分界點，不過這只是一個概略、象徵性的說法，有些人可能更早或是更晚幾年，請看下圖：

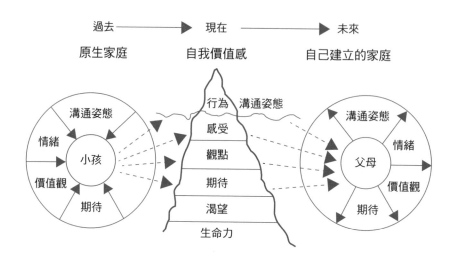

過去 ――――→ 現在 ――――→ 未來

原生家庭　　　　自我價值感　　　自己建立的家庭

首先，在這個圖中區分了「過去」、「現在」、「未來」。「過去」指的是在成年之前原生家庭的成長經驗，在圖的左方可以看見大圈圈代表著原生家庭，小圈圈代表著作為小孩的你。大圈圈裡所有箭頭指向「小孩」，代表著原生家庭（大圈圈）的種種影響力在形塑這個孩子，至少包括四個方面的影響，這四個層面就是我稱為「文化基因」的重要成分：

● **溝通姿態**：父母彼此之間以及面對孩子的溝通姿態，經過互動、學習，逐漸演化出孩子原始的「求生存」姿態。比如前文中的母親，當她幼年被父母指責，她也學會（或選擇）如何對抗和指責，成為母親後，也用在她和女兒的衝突之中。

● **感受**：成年後常常經驗到的情緒、如何體驗感受，以及是否

可以顯露與表達感受，都是從幼年與父母、家人的互動中學習而來。以這位母親為例，她小時候經驗到大人憤怒情緒的表達，也學會同樣的表達方式，同時掩藏了其他脆弱的情緒，如：悲傷、無力、失落……這些都是不被允許發生，更不能表現出來。

- **觀點**：父母的反應、默契、規條以及小時候的事件，形成我們的標準、價值觀、信念、對世界的看法。這位母親雖然在當年用對抗的方式面對父母的管教，但在內心深處仍然認同父母的大部分標準（守規矩、不在外面惹是生非等），並用同樣的標準來管教自己的女兒。當然，她自己在青少年的經驗，也形成了「在外面玩容易交到壞朋友」的信念，據此管教女兒的行為。

- **期待**：父母對我們的期待也形成我們對自己的期待，我們希望父母為我們做的卻沒有得到，則形成我們對父母的「未滿足期待」。如這位母親的未滿足期待：「自己步上正軌才能得到父母的認可」，成為她管教女兒的潛藏力量，並且容易對女兒的一言一行過度反應，使她無法控制，也不能理解。

以上這四層的經驗，最後都會匯聚成一個成年人的**自我價值感**，形成「我對自己的看法和感受」。同時，也內化成他**內在的運作過程**——「**冰山**」，如圖所示，從過去到現在的四個虛線箭頭，代表著將原生家庭的影響力，內化成為成年人內在運作的四層核心部分。

等到我們建立了自己的家庭、成為父母之後，就會像上圖從現在

到未來的四個虛線箭頭，成為新家庭的內在運作標準，而父母作為家庭的建築師，他們的影響力如同從內而外散發的箭頭，代表著將自己內化的影響力無意識的展現出來，形塑成這個新家庭的互動方式（溝通姿態）、情緒的對待和表達（感受）、價值觀與家庭規條的形成（觀點），以及對於自己、這個家庭、伴侶和子女的期望（期待）。

或許有的朋友會問，為何冰山的「渴望」和「生命力」不在這樣的傳承之內呢？主要的想法是，「渴望」、「生命力」是人類共有的部分，不管你在什麼樣的家庭成長，這兩個部分和其他人是相同的，同樣的珍貴、同樣的質地，本質是不受原生家庭影響的。也因此，當我們可以**接觸和體驗**到這兩個部分時，我們就會提昇和改變。這是我對於薩提爾模式的理解，也是我看一個人的信念。

另外，冰山中的「行為」部分，也深受原生家庭或成長經驗的影響，但由於這太過於明顯而普遍，再加上著重凸顯上述的四個層面，就不將它放進來增加複雜度，而模糊了我想要強調的重點。

關係的傳承

另一種角度，就是用人與人的「關係」，來看我們面對他人時，會如何受到過去原生家庭的影響，讓我們在無意識的情況下，重覆過去的應對方式以及一對一的關係。

◦ 現在三角圖
我們回頭看看那位容易看不慣自己女兒的母親，她和女兒之間常

常因為管教過程而衝突，她說教（超理智）以及責罵（指責），而女兒也以頂嘴（指責）回應，這讓她更生氣。兩人的關係除了容易衝突以外，雙方也想要避免衝突，而互相保持距離、減少交流，造成彼此疏離。「主角（母親）和女兒」是第一組的一對一關係。

第二組的一對一關係是「先生和主角（太太）」。這位母親在夫妻的關係裡，也常常會**要求**先生分擔更多的家事，有時先生會勉強去做（討好），但是當他做不到或很不想做時，就會被指責為不負責任（指責），幾次之後，先生就用加班、朋友聚會等方式減少待在家裡的時間（打岔），兩人關係變得更加疏離。先生的應對方式讓主角感覺到更強烈的失落感，累積更多委屈、不滿的情緒，所以在面對女兒時，極有可能會將不滿的情緒疊加上去。

第三組一對一的關係是「先生和女兒」，對主角而言，先生對女兒的要求幾乎言聽計從（討好），而女兒也因為爸爸不會責罵她、順應她的需要，對爸爸也比較和顏悅色，兩人的互動相對而言比較靠近而頻繁[5]。

這三組一對一的關係在家庭中形成了三角關係，每一組一對一關係的改變，也會讓其他兩組關係產生變化，造成了彼此的相互影響。試著將這樣的狀態描繪成示意圖，就成了下頁圖2-1，你可以一邊參看圖片，一邊回看上述三組關係的描述。

5　上述這三組一對一的關係（母女、夫妻、父女）的描述，主要是來自主角（媽媽／妻子）的觀點，並非絕對。如果有機會去問其他兩人，他們一定會有不同的看法和描述。

♦ 原生三角圖

當主角回顧原生家庭，將她對於自己的父母、母女和父女的描述，用同樣的方式畫下來，就形成了圖2-2。

她小時候看見父母在有壓力情況下的互動，常會出現母親指責父親的情況（指責），父親會先採取迴避、不回應的方式（打岔），但當母親因此更生氣、責備得更厲害時，父親有時也會受不了，就反過來對罵（指責）。這讓她比較同情父親，認為母親不該常常如此責備父親。但同時也覺得父親就像母親所說的不負責任，對父親也感覺到不滿。

另一方面，母親對她有很多期待，期待她照顧好弟妹、幫忙做很多家事，當她沒有達到母親的標準時，就會常常被打罵。她小時候雖然很想符合母親的期待、得到認可，但是因為常感覺到失望（做得好

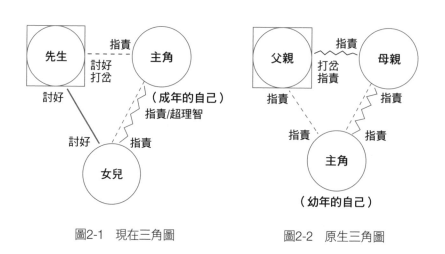

圖2-1　現在三角圖　　　　　圖2-2　原生三角圖

時也得不到認可）、委屈（自己的努力都沒被看見）和不公平（作為老大要比較犧牲），累積到國中時期，憤怒爆發，她回嗆母親，然後產生更強烈的衝突。

　　父親一開始並不介入母女的衝突，但是妻子要求他管教女兒的壓力，加上女兒爆發的憤怒，讓他也感覺到女兒的不敬和不孝，於是對女兒說出了重話。主角在父母兩方的指責以及不諒解之下，選擇了自暴自棄，把更多時間花在往外找朋友尋求支持與了解上，和一群朋友發展出自己玩樂與消磨時間的方式，到後來在她成年之後回顧，才感覺後悔不已。

• • •

　　將上述兩個三角關係圖放在一起比較，會更容易看見它們之間的關聯性。

　　最明顯的是主角和女兒的互動，包括「應對姿態」和「關係線」，幾乎和當年母親和主角的互動方式是相同的。指責的姿態可能學自父母的應對姿態以外，也可能繼承了母親的教養方式，並且無意識的用同樣的方式教養女兒，雙方的關係也都是衝突和疏離的。

　　另一個很明顯的連結，是主角的夫妻關係也和當年父母的關係很類似。主角和母親有相同的指責姿態，丈夫和父親也都有打岔的部份，這些相同的部份會讓我們對於過去的學習如何影響到現在的自己有更多的理解。同樣的，不同的部份也會讓我們去探索可能是和什麼經驗有關。比如說，主角小時候對於父親的不認同（父親逃避責任、

指責母親、不了解自己），**有可能**成為她選擇相反特質伴侶的參考，這通常是下意識的選擇，先生看起來是負責任、不容易指責他人、個性溫和的人，讓她被吸引並做出了選擇。然而結婚之後，生活所產生的需求和壓力，可能會讓她認為對方軟弱、沒有擔當……最後，先生出現的迴避，讓她認為和當年父親的不負責任是一樣的。

上述所說的僅僅是一個例子，作為代代相傳的**關係**影響力的說明，你的情況一定有很多迴異的部分，但我們可以從不同的生命經驗中看見類近的**人性**反應，豐富我們的生命，也可以學到自我探索的方法，更加認識自己身上有哪些過去的學習還在影響著我們，如圖2-3：

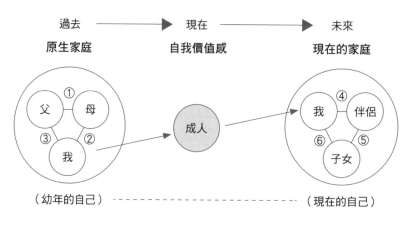

圖2-3　代代相傳的關係影響力

如果我們先了解當前自己的家庭關係，④⑤⑥的一對一的關係，形成了現在家庭的三角關係，除了可以了解自己的家庭動力以外，還

可以透過原生家庭的一對一的關係①②③，以及所形成的三角關係，來找到作為一個成年人的自己（現在的自己）是如何受到當年自己（幼年自己）的體驗所影響與形塑的，包括薩提爾模式最重要的核心概念之一「自我價值感」——我們對待自己的方式，是如何受到父母的關係，以及當年的父母對待幼年自己的方式而形成的。

不過這裡要提醒的是，案例出現的平行關係（夫妻④ vs. 父母①、母女⑥ vs. 母女②）只是其中一種可能性，也有可能是交錯的，比如主角和子女的關係⑥可能和父母的關係①有著相同或差異的連結。重要的是，用好奇、開放的態度去尋找④⑤⑥與①②③有可能的連結，而不是符合某一種規則，或尋找一個特定的答案。

重要的提醒

最後，我有幾點要提醒閱讀至此的朋友：

首先，如果你也像主角一樣，發現自己的教養方式承襲於父母，尤其是認為自己的教養方式對孩子有負面的影響時，請不需自責或愧咎，這不是薩提爾女士提出這些方法的目的，她說過：「父母在任何時候都是竭盡所能而為的。」[6] 這裡說的父母，不只是指身為母親的「主角」，還包括她的父母、歷代的父母，他們都已經盡力而為了，

6　出自《薩提爾的家族治療模式》（ *Tht Satir Model: Family Therapy and Beyond* ），維琴尼亞‧薩提爾、約翰‧貝曼、珍‧歌柏、瑪莉亞‧葛茉莉（Virginia Satir、John Banmen、Jane Gerber、Maria Goromi）著，林沈明瑩、陳登義、楊蓓譯，張老師文化出版，1998。

這不是誰的錯，而是一種代代相傳的社會文化與家庭動力，透過個人傳遞給下一代，而我們可以做的是學會用這些方法覺察內化在我們身上的動力，並將好的部份傳承下去，不好的部份經過我們的**轉化成為資源**，也可以傳遞下去，削弱或終止負向的影響力。

上述對於代代相傳的關係的理解，並不代表著這是「因果關係」，而是主角本身根據自身的經驗與詮釋而產生的「連結與領悟」。「因果關係」是把原生家庭的成長經驗當作原因，而認定必然會產生同樣的教養，例如主角小時候被指責，長大後就會指責孩子；或是雙方如果互相指責，就一定會產生衝突和疏離的關係。當然，上述這兩種因果推論，是有可能發生的，但如果只以這樣的角度去看，甚至用分析的方式，去看待主角的經驗，就會讓主角失去了自己的主體性，而物化了主角，我相信這是薩提爾女士極力要避免的部分。因此，薩提爾模式不是「將個人與家庭經驗，變成一個抽象理論」的取向，而是尊重每一個獨特的家庭和個人，以他們所體驗到的真實經驗作為出發點，想要更解構被汙名化的經驗（家暴、性侵害等），讓個人從中解脫，提昇一個人的尊嚴與價值，並且有一套方法可以轉化這些經驗，從受害者轉變成一個「擁有主動和選擇權力」的個體，這也是我個人寫這本書的情感與期待。

最後，圖2-1和圖2-2所畫出來的情況是主角的體驗和詮釋，**不是事實**。這一點理解很重要，我們、助人者或是她的家人都不用去爭辯實際上發生的事實是如何，因為即使在同一個家庭中，兄弟姊妹的體驗和詮釋都會不同，更何況是不同成長經驗的人之間，沒有誰是比較對或錯的。那麼，既然可能不是事實，為何要以個人的體驗和詮釋

作為基礎，去進行進一步的自我探索與轉化呢？因為以「個人的體驗和詮釋」而不是「事實」作為基礎，是尊重一個人的主體性，同時我也相信這是一個開放、好奇與探索的旅程，主角會在這個過程中逐漸更加清明而形成整體性的理解，如果發現了新的訊息、多了更多不同角度的理解，沒有理由不會進行修正和新的整合，這個過程可以一直持續下去，這是一個成長的歷程。

你可以做什麼？

明白原生家庭的影響力，對我有什麼用處呢？

第一個好處是，認識你自己。

當我們在日常生活中，遭遇到外在情境上的變動和挑戰（孩子、伴侶、朋友等的行為或是環境的變化），而引發內在的困擾（強烈或揮之不去的情緒起伏、僵固或不合理的觀點、對某些想望的執念⋯⋯）時，可以用這樣的框架回頭看看自己過去的成長經驗，明白自己是如何被形塑、受影響的，更好的一種探究和思索是自問：「我是從哪裡學來的？」當我們多了這樣的領悟，將會感覺到放鬆、柔軟，內在也會感覺到完整、有力量，讓你更容易做出適當的回應或是改變。

如果你願意，也有好奇和時間，可以利用「現在三角圖」（練習2）先畫出自己「現在家庭的三角關係」，如果你有兩個以上的孩子，可以先挑其中一位讓你感覺比較困難的關係。如果你結婚了但還沒有孩子，也可以先畫夫妻關係；如果你還沒有結婚，可以選擇交往

的對象，或是你所在乎、很親近、長期的朋友，作為一個開始。然後再畫出「原生家庭的三角關係」，並進行連結和探索，有哪些相同、有哪些不同，背後各自有什麼樣的成長經驗影響著你？這能讓你更加深入的認識自己，有時可以因為這樣的理解而得到很好的紓解與放鬆：「原來是這樣啊！」、「原來這不是我的錯！」……。

　　第二個好處是，轉化原生家庭經驗，能讓現在的你更有選擇、更有力量、更加的完整！這部分的詳細做法將在第12章說明。

探索「原生三角圖」和「現在三角圖」

事實上，「原生三角圖」是「原生家庭圖」的簡化版本，比較完整的名字是「原生家庭基本三角關係圖」。

「基本三角關係」指的是在你成年（以十八歲為界）之前的父親、母親以及你自己三者的關係，在此特別強調的是，這些都是過去的經驗、感受和眼光，不同於**現在的父母和你的關係**，儘管現在和父母的關係改變了，但幼年的成長經驗和關係，卻仍深深影響成年的我們，影響當前重要的關係，如：我們的親密關係和親子關係。

「基本三角關係」又被稱為「黃金三角」，因此它不僅僅是原生家庭圖的簡化版本，更是凸顯出早年基本三角關係的重要性，在成年之後仍持續影響我們的應對模式、關係型態，彷彿原生三角關係銘印在我們內心一般。因此，畫原生三角圖的過程中，會讓我們開始覺察自己的關係模式，並重新學習與改變，創造與發展自己與過去不同的正向關係，走向自己想要的方向。

◆ 步驟

下頁是完成圖，我們先有一個整體的概念，再開始一步一步的畫自己的關係圖。

原生三角圖

*此圖為2019年繪製。

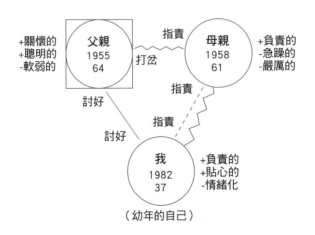

+關懷的
+聰明的
-軟弱的

父親
1955
64

指責

打岔

母親
1958
61

+負責的
-急躁的
-嚴厲的

討好

指責

指責

討好

我
1982
37

+負責的
+貼心的
-情緒化

（幼年的自己）

現在三角圖

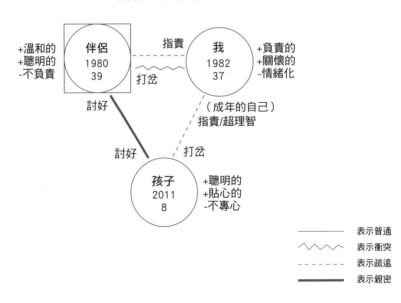

+溫和的
+聰明的
-不負責

伴侶
1980
39

指責

打岔

我
1982
37

+負責的
+關懷的
-情緒化

討好

（成年的自己）

指責/超理智

討好

打岔

孩子
2011
8

+聰明的
+貼心的
-不專心

———————— 表示普通

〜〜〜〜〜〜 表示衝突

- - - - - - - 表示疏遠

━━━━━━━ 表示親密

1. 首先畫「原生三角圖」。分別畫出三個圓圈[7]，並在圓圈中寫下父親、母親和你自己的「稱謂、出生年、現在年齡」（如父母已過世，則寫過世的年齡）等三項資訊。

2. 回想你「**十八歲之前**」的心情，並依當時你對父親、母親和幼年自己的記憶，寫出你對這三個人的「個性形容詞」。給每人三個「個性形容詞」，可以有正向或負向的認定，你認為是正向的就在形容詞前面加上正號（＋），若認為是負向就在形容詞前面加上負號（－）。

3. 再找出你在「**十八歲之前**」家裡發生的重大歧異，或是承受巨大壓力的特別時期或事件。畫出此一時期三人間的關係線，如果某兩人之間有不只一種明顯的關係，可以同時加上第二種關係線。

   關係線分成四種：

   ● 細實線：代表普通、接納、少衝突、正向的關係。

   ● 曲折線：代表風暴、騷動、憎恨的關係。

   ● 虛直線：代表有距離、負向、冷淡的關係。

   ● 粗實線：代表很緊密、很黏或糾纏不清的關係。

7　根據前輩的說明（忘了是誰），圓圈代表的是「個人」，如果圓圈之外加了方框，代表「男性」。當年薩提爾女士最初的做法，並沒有特別替男性加方框，因為英文名字中的性別很清楚，到東方畫家庭圖時，才為了分辨不同性別而加了方框。

雖然這四種關係線不足以描述人際之間的複雜關係，但是它具有提綱挈領的效果。當我們把處在壓力下最容易出現的關係標示出來，就能更清楚地看見複雜的動態影響。

4. 同上，畫出在壓力的情況下，每位成員的「應對姿態」。如果某位成員不只一種應對姿態，可以加上第二種。

5. 以上就是你的「原生三角圖」。接下來畫你的「現在三角圖」（你、伴侶和其中一位子女），如果擁有兩個以上子女，可以先畫你覺得和你的關係比較有挑戰的那位；或者只有伴侶、沒有小孩，就只畫兩人的關係圖；如果沒有現任伴侶，也可以畫前任伴侶的兩人或三角關係圖。

● 探索與分享

依照上述步驟完成之後，可以開始檢視一下兩張圖的關係。你可以找一位夥伴或是學習三人小組相互分享與討論。

以下的問題提供你參考：

- 先整體比較兩張圖，看看有什麼相似或相異的地方，讓你聯想到什麼？你認為過去的「原生三角圖」對「現在三角圖」有什麼影響？
- 再看看原生家庭中的父親、母親和幼年自己的「個性形容詞」，分享背後的故事，你從哪裡、哪些情境下看到這些

形容詞的行為表現？幼年的你學習到父母哪些「個性形容
詞」？你又是怎麼運用在日後的生命經驗中？

以134頁的圖為例，「我」學到了媽媽的「負責」，似乎也從她
的「嚴厲」、「急躁」受到影響，形成我的「情緒化」。另外，「我」
似乎也學到了爸爸的「關懷」，因為和我的「貼心」部分很相像。和
這些形容詞相關的故事，在此不多敘述，但如果你有足夠的時間，能
去描述這些形容詞後面的小故事，會帶來更多的看見和領悟。

- 在「現在三角圖」中，伴侶的「個性形容詞」是否也有和父
  母類似或相反之處？對於這樣的連結，你有何看法？此外，
  子女是否也有和你及伴侶在「個性形容詞」的相似或相反之
  處？對此又有何連結？

以上述例子來說，伴侶的「聰明」、「不負責」和「我」的爸爸
有很高的相似性。孩子的「聰明」也似乎承襲了伴侶的特質，同時孩
子「貼心」的部分則和我的特質很接近。

上述這三個問題是針對「個性形容詞」或是「資源」來探索，薩
提爾模式會特別關注我們在父母身上學習到的個性特質，並且認為這
是我們的「資源」──不論是正向或負向的特質，都可以經過有意識
的認可以及轉化，形成我們所擁有的豐富資源。同時也更加明白我們
在親密關係中，容易受到怎樣的個性特質所吸引，或是相反的，為何
會避開擁有某些特質的對象。也會發現從父母到我們到孩子，三代之

間有一些特質會傳承下去。

　　以上是根據「個性形容詞」的探索。接下來針對「關係線」和「求生存姿態」，可以看到在「原生三角圖」中三對**一對一的關係**，如何對現在的關係產生影響。

- 探索「原生三角圖」的一對一關係和「現在三角圖」的一對一關係，是否有相關的連結？

　　例如134頁的圖中，「原生三角圖」裡母親指責、父親打岔的關係，似乎和「現在三角圖」中我指責、伴侶打岔，以及我指責、孩子打岔的關係很類似。而「原生三角圖」裡父親和我相互討好的關係，也和現在伴侶與孩子的關係很相像。這些關係的類近之處，主要來自當事人自己的連結和領悟，如果是不了解當事人經驗的局外人，用分析方式來尋找關聯性，是沒有太多實質作用的。比較具體的案例和更詳細的說明，可以參考第10章。

· · ·

　　從畫原生三角圖與現在三角圖的過程中，以及上述的探索與分享，會讓我們更加了解自己和伴侶、孩子，甚至是朋友、同事之間的關係型態，最重要的是，我們可以改變、可以重新學習，讓我們創造與發展和過去不同的關係，走向自己的幸福之路。

探索「原生家庭圖」

我們常常聽到一種說法:「過去的就讓它過去,這樣我們才能**放下執著**,朝向未來前進!」基本上在許多情境下,我非常同意這樣的態度和做法。但是,怎樣能真正的「放下」、真正的「向未來前進」,而不是看似放下,其實卻是**放棄**或**放著不管**呢?

在某些時刻裡,來自過去的影響力會緊緊束縛和限制我們前進的腳步。這就好像是你奮力往前之際,卻感覺舉步維艱,回頭一看,只看到過去(尤其是成年之前)一些**急著想要擺脫**的不愉快經驗,卻**沒有看見**在這些過去的經驗中,有一條**彈力繩**緊緊地綑綁在你的身上。

「沒有看見」可能是因為從來沒有人告訴你要看,也可能是知道要看卻沒有一個可以依循的方法去看。當你看見了那條彈力繩(有時甚至不只一條),可能會感嘆:「原來是這樣啊!」縱使一時之間還未能解開,也會感覺到比較放鬆,或是接納自己當前的處境,再想想看可以如何往前。

當然,如果能夠「看見」,又能找到方法解開這條(或這些)彈力繩,那就能真正的放下過去,更自在、更有動能的迎向未來!更令人驚豔的是,那些被鬆綁的彈力繩,更變成了我們面對未來挑戰、攀登高處、越過障礙的救命索!

因此,接下來介紹的「原生家庭圖」以及「家庭生活年表」,就

是另一個探索自己的方法：先找出過去的經驗，再看見那些彈力繩是如何造成今天前進的阻礙，以及看見它們早已是你的豐富資源了！

為什麼要畫「原生家庭圖」？

大部分人傾向於選擇熟悉的行為模式，而非舒適自在的應對方式，特別是在承受壓力之際。我們往往重複在原生家庭的成長過程中所熟悉的模式，即使知道這些模式是功能不良與辛苦的，但是請不要忘記，「雖然我們無法改變過去已發生的事件，卻可以改變該事件對我們的影響。」[8] 因此，畫家庭圖的過程中，會讓我們開始欣賞並接納過去，從原生家庭中看見自己豐富的資源，並增加我們管理現在的能力。

讓我們先看看完成的原生家庭圖長什麼樣子（圖2-4），之後我們再一步一步來畫。

8　出自《薩提爾的家族治療模式》（同註6）。

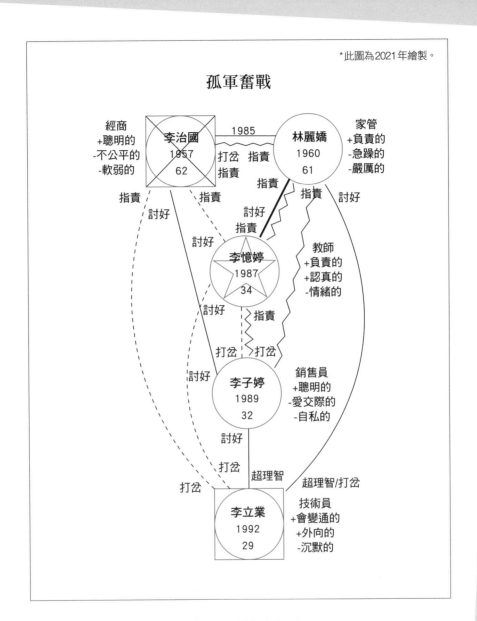

圖2-4　原生家庭圖

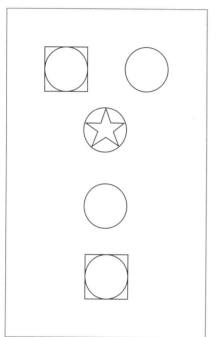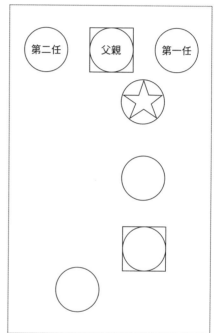

圖2-5　畫出所有家庭成員

♦ 步驟

1. **畫出所有家庭成員**：拿一張白紙或空白筆記本，將其直立放置，先畫出父母和手足的圓圈，適當分佈在整張紙上。如圖 2-5左邊，上方左右是父母，下方三個圓圈是手足，依出生序往下分布。一個圓圈代表一個個體，如果圓圈外面加上方格，則代表男性。請注意圓圈之間和左右都要留空，因為後續還要填上其他訊息。

   這張家庭圖的主角是老大，在她的圓圈上用星號標示出來，代表她是這張家庭圖的作者，是用她的視角來繪製，除了客觀的事實，老二、老三畫的原生家庭圖會因為視角不同，樣貌可能會有極大的差異。

   如果父母有其他婚姻關係，例如父親有兩任婚姻，畫法如圖 2-5右邊。對主角來說，媽媽是父親的第一任妻子，生下三個子女，後來離婚父親再娶，並生下一個女兒，同父異母的妹妹位置在最下方，代表她的出生時間最晚。

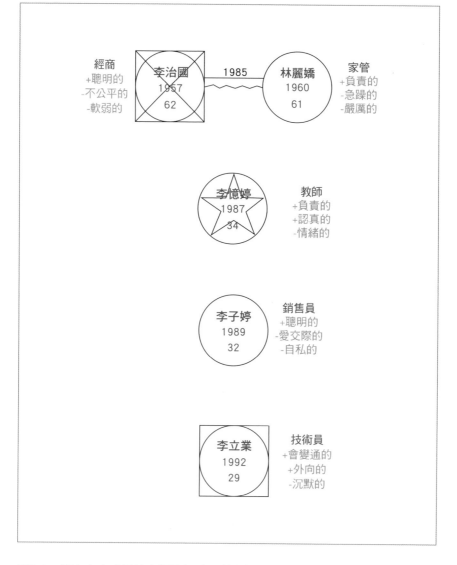

圖2-6　填上家庭成員的客觀資訊（深藍字）和十八歲以前你對他們的觀點
　　　　（淺藍字）

2. **填上客觀資訊**：接下來，分別寫上父母親的「名字」、「出生年」、「現在年齡」（如已過世，寫出過世的年齡，並在圓圈中打叉）、「職業」等四項資訊。（有時間的話，可選擇性加上嗜好或興趣、信仰、省籍或出生地、教育程度等更多訊息），並在父母親之間標註父母的結婚時間（如已分居或離婚，就寫上分居或離婚的時間）。自己和手足的資訊也依序填上（如圖2-6）。

   注意：如有夭折、流產或墮胎的手足，也依序排入，寫出你所知道有關他們的任何事實，如日期、名字、性別等。

3. **填上「十八歲以前」對家庭成員的形容詞**：接下來開始描述你的主觀現實，請回想你「十八歲之前」的心情，並依當時你對每位家庭成員的記憶，用三到五個的形容詞寫出你對他們的形容，你認為這些形容詞是正向還是負向的，用＋－符號標示在該形容詞的前面（如圖2-6）。

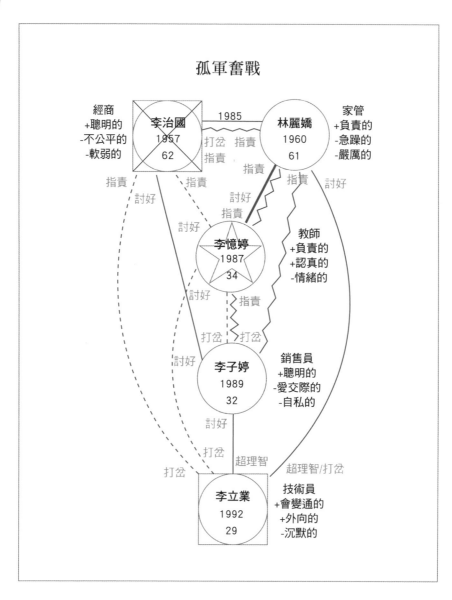

圖2-7　填上關係線（深藍）和應對姿態（淺藍字）

4. **畫出「十八歲以前」家庭成員間的關係線**：先找出你在「十八歲之前」家裡發生重大歧異，或處在重大壓力下的時期或特別事件，畫出此時期家庭成員間的關係線。如果某兩人之間，有不只一種明顯的關係，可加上第二種關係線，如圖2-7。（關係線的涵義請參考第135頁）

5. **填上「十八歲以前」家庭成員間的應對姿態**：寫出「十八歲之前」家裡發生重大歧異或重大壓力下的特別事件中，每一位家庭成員的「應對姿態」。如果有人不只一種應對姿態，可以加上第二種。更細緻的描述可以像圖2-7般，寫上每兩位家人之間的溝通姿態，寫在彼此關係線上靠近自己的地方，比如父親李治國和主角李憶婷之間，父親是指責，主角是討好。

6. **為家庭圖取名**：畫完之後，請停下來，感受一下自己此刻的心情。如果這個家庭的故事可以出一本書或是拍成一部電影，你會如何為這個家庭故事命名？你覺得這是一個怎樣的家庭？命名時可以使用形容詞或是隱喻，將它寫在整個家庭圖的正上方，像這位主角的命名是「孤軍奮戰」。

以上就是你的「原生家庭圖」，如果你有興趣和時間，可以再畫出父親、母親個別的「原生家庭圖」以及你成年後建立的「現在家庭圖」，這樣就會有四張家庭圖了。

請注意：在大部分的情況下，我們不可能知道所有的資訊，當你無法詢問親人，或是以其他方式取得實際的情況時，你可以「猜測」與「想像」最可能的情況是什麼，比如你不知道父母結婚的日期，你就想像一下，可能會是哪一年。薩提爾女士認為這樣的「猜測」與「想像」是很有意義的。

探索與分享

如果可以找到共同學習的同好，個別或一起畫各自的原生家庭圖。畫好之後，可以聚在一起相互分享與討論。每位成員輪流向對方呈現自己的家庭圖，並簡述自己在畫的過程中的觸動與學習，對方則以支持與好奇的心情詢問，欣賞他的成長過程，並協助他找出資源。

這樣的過程也可以不只一次，每隔半年以上再畫一次，可能會有很不一樣的體會，或是隔一段時間，再拿出來看一次，也可能會發現很不一樣的訊息。家庭圖就像是你生命的藏寶圖，裡面隱藏了許多意想不到的訊息；也很像是你的八字或命盤，可以為人生找到一個清晰的方向，以及改變與成長的關鍵。你也可以和伴侶核對彼此的相處或互動，是如何受到原生家庭的影響。我常開玩笑說，兩人結婚之前，先來看看彼此的原生家庭圖，就像是以前拿著兩個人的八字去合，合完之後再決定要不要結婚一樣重要。

以下是參考性的提問，提供你獨自思索或是與人分享，藉此探索原生家庭的經驗。你可以選擇比較想要分享的部份回應和分享，或是增加其他想要分享的部份，這都是可以選擇的，請依照自己內在真實的心境來衡量。

一、畫完之後,你有什麼感受或心情?請分享你的心情及其背後的想法。

畫家庭圖的過程本身就是一個很重要的探索過程,你可能有很多感觸,甚至會有很不舒服的感受,但這些體驗都是重要的線索,讓我們有機會深入了解自己的狀態。

二、你為這個家庭給了什麼命名?你覺得這是一個怎樣的家庭?命名時可使用形容詞或是隱喻,並說明為何如此命名?

「命名」代表了一個整合性的觀點。我們透過命名,有助於整合之前混亂的感受或凌亂的觀點,得到一個清晰的理解或看見。

三、你小時候(成年之前)對家人的看法是如何?比如誰最有權力?誰是家中的受害者?誰為這個家庭帶來榮耀?誰常常製造麻煩?誰是家中的明星、王子或公主?根據這些看法,你從這些家人中學習到什麼?對你今日仍有哪些影響?

從家庭圖中探索每個人在家庭裡不同的位置、任務或狀態,看見這一部分會讓我們更加明白整個家庭的動力,以及每個家庭成員為何會有某種特定的反應和行為,這會讓我們更加認識自己。

四、在你家中有哪些「秘密」?家人如何處理和面對?你如何發現?它又如何影響你?

「秘密」是對家庭或家人的一種保護，保護自己或家人不受這個秘密的困擾，但也因此賦予了這個秘密一種力量，用十分隱微的方式影響著這個家庭。知道秘密的家庭成員彼此心照不宣，就像家中有隻隱形的大象，會刻意或習慣性的繞開這部分，而不知情的家庭成員撞上這隻大象卻不得其解，心中充滿著困惑。

五、在你家中有哪些「規條」或「價值觀」？你如何發現？它又如何的影響現在的你？

原生家庭有許多的規則和價值觀，不一定是透過明文規定，而是在家庭成員間（主要是父母）長期互動出來的默契或約定俗成。我們常常將其視為理所當然，內心隱藏著一些規則或價值觀來維護自己的立場，一直到和他人碰撞、衝擊之後，才有可能進行反思，對這樣的信念或價值觀產生疑惑，這經常形成了冰山中「觀點」層面的重要內涵。

六、在你的家中，你經常經驗到的情緒或感受是什麼？你可以如何表達或不能表達什麼情緒或感受？這如何影響到你現在對感受的看法，以及表達的方式？

我們常常將自己對待情緒的方式（接納、歡迎，還是厭惡、壓抑、隔離），以及是否要將其表現出來，視為自己性格的一部分。但是，更多的可能是與原生家庭中，父母如何回應子女的情緒（包容還是責備、忽視），以及父母如何看待自

己的情緒有關，這會形成冰山中「感受」的層面，特別是「感受的感受」這部分。

七、你在家中的性別和排行如何的影響你？至今仍有影響力的部份是什麼？

排行形成了不同的生存位置，老大比較容易負起責任，尤其是女性，照顧弟妹和他人的責任感比較明顯，而男性容易受到家族期待的壓力，產生各種不同的反應模式。排行第二的孩子，容易尋求與發展和老大不同的特長或興趣，想擺脫被比較的壓力，或形成自己的優勢。至於老么，在兄姐的優勢之下，傾向變得有彈性或是遠離複雜的壓力或爭端。獨生子女較少手足的互動或競爭，在人際關係上需要另行在學校或其他情境中學習，通常具備更高的獨處能力，或較習慣於單純的人際情境。

而在傳統的價值觀中，「重男輕女」一直影響著女性深層的自我價值感，對於不同性別的期待或要求，也深深影響著每個人。以上均是舉例，僅提供參考，而非視為定律。

八、在父母的互動和關係中，你學到了哪些事情？並且哪部分至今對你的婚姻或情感方面仍有影響？例如：男人、女人應該要像什麼樣子？婚姻要像什麼或應該要如何？在婚姻中，兩人的親密關係應該是怎樣的？

從這一題裡會發現許多親密或婚姻關係中的線索，更加明白

自己在親密關係中為何會有某種特定的反應或堅持，也讓我們可以進行調整與轉化，不再受到原生家庭經驗的侷限，更多說明請見第11章的說明與釋例。

九、小時候你的父母對你有何期待？這是否也成為你現在對自己的期待？更進一步的，也成為你對伴侶與子女的期待？或是相反的，你會避免將父母對你小時候的期待變成你現在對自己的期待，以及對你的伴侶與子女的期待？

父母對你的期待，在一般情況下，將會形成你「對自己的期待」。也有相反的情況，當父母的期待造成你的痛苦或讓你極度不認同時，會形成「和父母相反的期待」，而這些期待也很容易成為對伴侶和子女的期待，形成了冰山中「期待」層面的主要內涵。

十、小時候你對父母有何期待？有哪些期待至今仍未滿足？直到現在，這些未滿足的期待如何影響你自己、伴侶和子女？

「未滿足期待」是成年人身上很重要卻又很隱微的動力，不誇張的說，有時它是我們一生追求的執念！同時也是代間傳遞（Intergeneration transmission）的主要來源之一，對伴侶和子女的要求和失望，常和這部分有極大的關係。

• • •

如果時間不多，可以先分享第一、二、九、十題這四個提問，第一、二題是整體的分享，第九、十題是對於成年人的內在動力有著最關鍵性影響力——未滿足期待的探索。

　　如果還有時間，再針對其他六題，選擇你最有感覺的部分探索和分享，不必拘泥於每個提問都要一一回應。

◦ 向自己學習

　　如果探索家庭圖的說明，讓你感覺到隔閡、不知所云或不得其門而入，是很可以理解的。因為過去主要是透過工作坊夥伴們的共同參與，讓每位參與的朋友可以得到即時的引導與答疑，以及夥伴們彼此的陪伴、支持與交流，才能夠比較順利的體驗和學習這樣的過程。

　　儘管用文字與圖片呈現的方式，比較難以做到詳細的引導以及適當的回應。但是，如果你對自己的原生家庭有興趣，想要明白成年的自己是怎麼回事，以及可以如何改變，但暫時沒有足夠的條件參加工作坊，或是你更喜歡獨自的學習方式，就可以透過這裡的引導與說明，形成一個可行的探索過程。

　　重要的是，你願意投入自己的心力去嘗試和體驗，若能有同好一起交流，那就更有機會從中獲得豐富的學習。但不論如何，這樣豐富的學習體驗，不是來自於薩提爾的前行者或講師們，而是來自於你自己早已擁有的複雜生命經驗！

| 練習4 |

製作「家庭生活年表」

　　家庭生活年表（Family life chronology）是描繪社會、家族重要事件，以及個人成長所經歷的事件的列表。透過製作家庭生活年表，我們有機會用一種歷史的眼光，看見前後事件的關聯性，並從中產生新的理解，也能感受到個人的完整性，用另一種說法，它也可以視為「家族與個人的生命史」。它和原生家庭圖、影響輪這三者的繪製，都是進行「家庭重塑」的事前準備工作，可以讓主角與引導者都更加明白主角想要改變的是什麼，以及這樣的改變和過去——尤其是原生家庭有何關聯。

　　家庭生活年表可以涵蓋三代的重要事件，時間上最早可以追溯到祖父母或是外祖父母的出生，最晚可以到你成年（十八歲）或是到現在。標示在圖表上的事件，可以分成以下三大類：

　　一、家族三代中的重大事件。包括家族成員的出生、死亡、搬遷、結婚、離婚、重聚、離別、意外以及畢業、升遷等成就。

　　二、在同一時代中，社會、歷史上發生的重大事件。如：戰爭、自然災害、經濟大變動、國家政策的影響等，這部分會協助我們更加理解大環境如何影響了家族歷史。

　　三、從自己出生到十八歲之間（或是到現在為止），自己所遭遇到的重要事件。也許對其他家庭成員或別人是不值一提的小事件，但

不論事件的大小，只要對你產生影響、你對它有一些感覺，就可以列出來。

● 步驟

我們可以將兩張A4白紙（或是半開的海報紙）橫放，來製作家庭生活年表。第一張是從祖父母和外祖父母四人中最早出生那人的年份開始，一直到父母相遇與結婚之前。第二張可以從父母相遇與結婚開始，包含兄姐和自己的出生、家庭的遷移、工作的變動、家人的出生和過世，一直到自己成年，甚至到現在為止。

下頁圖2-8是第二張的記載範例，你可以作為參考，但是也可以用對你更適合、更有感覺的方式去繪製。

當你開始畫的時候，可以先讓自己沉澱、安靜下來，和自己的內心深處連結，並且明白自己是以成年的狀態去探索早年的經驗，如果感覺到不適，也是很正常的，那代表你有機會重新體驗、看見當年的某些狀態，有助於明白自己成年後的某些糾結、遺憾，就有機會進行適度的調整或轉化。

寫得差不多之後，停下來感受一下自己當下的狀態，包括感受和想法，然後想像如果自己要出一本自傳或是製作前半生（出生到現在為止）的紀錄片，你會如何取這本書的書名，或是紀錄片的主題、名稱？想到之後就在年表的正上方或是明顯處寫下來，就像圖2-8被命名為「孤獨的旅程」。

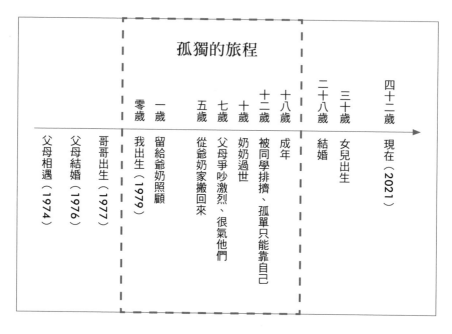

圖2-8　家庭生活年表第二張

孤獨的旅程

	父母相遇（1974）
	父母結婚（1976）
	哥哥出生（1977）
零歲	我出生（1979）
一歲	留給爺奶照顧
五歲	從爺奶家搬回來
七歲	父母爭吵激烈、很氣他們
十歲	奶奶過世
十二歲	被同學排擠、孤單只能靠自己
十八歲	成年
二十八歲	結婚
三十歲	女兒出生
四十二歲	現在（2021）

● 探索與分享

接下來建議找同好一起分享和探索。請注意你所找的共學夥伴是自願、有興趣、彼此也有信任基礎的，比較能帶來更多的支持與陪伴，以及不同的眼光。當然，你想要自己一個人進行也可以，這和同好一起分享和探索的選擇仍然可以並行。

對於年表的探索和學習，可以從「點」、「線」、「面」這三種尺度和層面去進行。這裡說的「點」是指**個別的事件**，「線」是兩個以上的「點」所形成的**脈絡或故事軸線**，「面」則是**更全面性、複雜、**

整體的理解。

　　如果再加上「原生家庭圖」的探索，在時間和空間不同維度的交錯比對和聯結，對於理解自己的生命狀態，會有相輔相成的效果，對於「我是誰」的提問提供了更加豐富的背景。

點：從個別的事件中學習

　　找同好或共學夥伴形成兩人或三人組，輪流分享**一個十八歲以前的事件**。請先由其中一位夥伴開始分享，簡述想要分享的事件，但不談細節，僅作為下述分享的背景：

一、先分享你畫此一年表時的心情或想法？以及你對此年表的
　　「命名」，以及為何如此命名？

　　　以上圖主角為例，她命名為「孤獨的旅程」，為何如此命名要根據主角感受到的情緒、情感以及相關想法來說明，也會和年表中相關的事件產生更深的連結，比如：從爺奶家搬回來、父母爭吵激烈、被同學排擠等事件。

二、分享一個十八歲以前的事件。

　　　簡述想要分享的事件，但不談太多細節，僅作為後續四個提問探索與分享的背景。不談太多細節是避免失焦，尤其是時間有限的情況下。把焦點放在**在該事件的衝擊下**，幼年經驗到的內在歷程是什麼，會帶來更深入的體驗和更清晰的覺察。比如要分享「從爺奶家搬回來」這個事件，可以說：

「五歲因為快要上小學了，爸媽決定帶我回家，當時沒有心理準備，就回到一個很陌生的家。」只需幾句話就可以說出大概的背景。對大部分人而言，其實並不容易，因為總覺得要說明和解釋更多，才能讓其他人明白自己的經歷，或是受到情感的驅動很想多說一些。

三、分享在該事件中，當年你的「心情」或「感受」如何？當年的你如何應對這樣的心情？這種情緒和處理情緒的方式如何影響現在的你？

比如她分享「從爺奶家搬回來」的心情，可能是很**難過**，思念奶奶；很**不安**，因為不習慣面對新環境；很**孤單**，因為感覺和家人格格不入，他們都不瞭解自己的狀態和感受。她當年怎麼應對這些情緒呢？一個人躲到房間默默落淚，沒有其他人可以傾訴，曾經說過想回奶奶家，就被罵不懂事。怎麼影響到現在的主角呢？主角可能會覺察到現在她處理負向情緒（如：孤單）的方式，和當年很相像，常常是一個人獨處，不會和其他人分享自己的感受。

四、當年在該事件中或結束後，你形成了什麼「結論」、「信念」或「觀點」？是否影響或形成了成年後的價值觀或信念？

「從爺奶家搬回來」的事件，讓她產生一種想法：「自己是無法做決定的，自己是不受重視的」，這讓她成年之後每當和他人意見相左時，總會先退讓、不想表達意見，也會有

「自己是個外人」的想法，在團體中常常讓自己處在邊緣地帶，難以積極的參與和投入。有時，這樣的價值觀、信念或想法是下意識的狀態，需要刻意的連結或探索才會浮現出來。

五、當年你做出了什麼「決定」？形成日後什麼樣的「願望」或「期待」？

在「從爺奶家搬回來」的事件中，她形成什麼決定呢？她可能決定「自己要獨立，不再靠別人或依賴別人！」這樣她就不會受到別人決定的影響，不會受傷、難過和無助。成年之後，可能下意識期待「自己要更有能力、能獨立自主！」因而認真、努力地發展各種可以獨立的優勢或才能。

六、當年你從該事件中學到了什麼？你在這事件當中或之後，發展出什麼樣的「能力」或是「資源」？

從上述幾個提問的描述和分享的過程中，主角就會看見自己在「從爺奶家搬回來」的事件中，所發展出來的資源。比如：「獨立」、「能獨處」、「認真努力」、「學習」（為了發展獨立的優勢）、「思考」（獨處時常常進行的反思和預演）……。對大部分人來說，並不習慣用這樣的眼光去看待自己過去的成長經驗，對薩提爾模式而言，卻是看待自己或他人過去經驗時，非常重要的眼光。當我們真心承認與擁有這些資源，將會更加的認可自己，提昇自己的生命力。

如果是兩、三位夥伴共學，在第一位夥伴分享完之後，就由下一位夥伴按上述同樣的提問開始分享。

上述的分享可以讓我們更加了解，成年之後的冰山是怎麼樣受到過去（尤其是幼年）事件的影響，第三、四、五個提問即是瞭解幼年自己在冰山中的「感受、觀點和期待」。而第六個提問則是幼年形成或發展出來的資源，是放在冰山「生命力」層面的周邊，也就是說，資源就是**生命力遇見挑戰所轉化出來的應對方式**，也一直是**成年自我**的能力與資源。

線：事件的關聯性形成生命脈絡

從年表中不同的個別事件（點）中，可以尋找它們之間的聯結或是共同之處，就可能會形成一條生命故事的軸線或脈絡，**看看你可以找到幾條不同的故事軸線**？然後將這樣的連結與領悟，和共學的夥伴分享，並透過他們的傾聽和回應，獲得更多的體悟。

以上圖的主角為例，透過一歲「留給爺奶照顧」、五歲「從爺奶家搬回來」、七歲經驗到「父母激烈爭吵」這幾個事件，看見自己內心一直有「何處是兒家」的生命議題，幼年在爺奶家備受呵護、感覺溫暖，卻只是暫時的居所，回到父母家卻感覺自己是外人，到底哪裡才是主角的家呢？這樣的疑惑也深深影響她，內心一直存在著「擁有自己的家」的渴望，讓她更加明白自己透過結婚成立自己的家庭，背後其實隱藏著一個很深層的動力。

也許，她會從自己在五歲「從爺奶家搬回來」、七歲「父母激烈爭吵」以及十二歲「受同學排擠」的幾個事件中，看見自己在人際關

係上比較疏離的原因，也讓她感受到自己的生命處境是一個「**孤獨的旅程**」。當然，這些連結與解讀是以主角覺察自己內心的感受、想法以及直覺的認定為主，其他人的眼光或看見是很好的參考，但仍需要主角根據自己的內心決定是否接受。

面：從歷史、社會的背景下看見生命歷程

透過上述的不同「點」的體驗與轉化，以及不同「故事軸線」的連結與整合，再將注意力拓展到整個生命的歷程，包括更大的背景、更久遠的歷史，你會如何述說這樣的生命故事呢？如果可以，請將這樣的故事，用五到十分鐘以直觀的方式，分享給你共學的夥伴。

如同主角可以用五到十分鐘說一個「孤獨的旅程」的生命故事。這邊的敘說不求完整，而是跟隨著自己更深層的情感，以及更關鍵性的想法來呈現「我是誰」。五到十分鐘的限制是為了**聚焦**在對你而言最重要的部份，在不同的時間點進行的敘說，也會呈現出不同的樣貌，最重要的是，在敘說的當下，你就在**體驗你自己**！

以下提供一些提問作為你敘說生命故事的參考：

1. 從自己出生到十八歲之間的**成長經驗**，是源自於當年的**歷史、社會環境**與原生家庭的哪些影響？
2. 自己現在所面臨的**挑戰或難題**，是如何受到上述**成長經驗**的限制？
3. 更重要的是，上述的**成長經驗**同時帶來了哪些**能力與資源**？去幫助你達到想要的未來。

4. 在這樣的**成長經驗**中，有哪些「**遺憾**」、「**未滿足期待**」與「**渴望**」？

5. 這些「**遺憾**」、「**未滿足期待**」與「**渴望**」如何成為你日後努力奮鬥的**動力**？或成為當前你在做很多事情的「**初衷**」？或成為你**此生無憾的目標**？

♦ 結語

　　上述的點、線、面的學習，可以先聚焦在幾個「點」上，會讓你更加明白當年的冰山（內在歷程），在你學習探索與轉化現在的冰山（內在歷程）時，會更容易理解它的運作模式，也會更有體驗性。

　　家庭生活年表不會只是一次性的學習，可能過了一段時間之後，你會想到更多的幼年經驗或重要事件，那時可以將它們逐次的補充進去，形成更加複雜而豐富的面貌，會對自己有更多、更深入的理解。

　　這樣的學習將會形成一個非常重要的基礎，在未來面對不同的難題和挑戰時，你能更快的回溯和連結到過去的記憶和學習，覺察到當下如何受到過去的影響，並從中找到關鍵事件進行理解與轉化。

11

原生家庭
對親密關係的影響

從我的經驗出發

在我自己的親密關係中，有一個看起來很小的議題：「洗碗」，卻在夫妻間延續了多年的爭執。

從結婚之後不久，「洗碗」這件事就常常成為我們之間爭執的議題。太太每次煮完飯、兩人吃完後，她會期望我能去洗碗。家事分工是很合理的理由。我不習慣、也不喜歡洗碗，但在她的要求及理性的說服下，我勉為其難的洗了。當然，這樣的情況並不持久，很快的，我又會變成能不洗就不洗的狀態。她有時就算了，餐後自己去善後，然而幾次之後，加上工作疲憊，就容易累積不滿，她受不了了就發飆，我也不高興的回嘴或沉默，等風暴結束後，我又開始心不甘、情不願的洗碗了。來來回回的循環了很多次，多年來始終沒有解決。

後來，我們兩人去參加了瑪莉亞的親密關係工作坊，老太太給了學員回家作業：「請親密關係的雙方，都先各自寫下自己對對方的期

待，然後雙方再針對自己列出的期待，輪流一一核對與協商，看看對方是否可以滿足自己的期待。」完成作業後，隔天回到課堂上分享。

為了完成這個作業，我們下課後當晚討論，又卡住不太愉快。隔天因為作業沒完成，在上課前特別跑到教室附近的公園，繼續做這個作業。

我太太列出對我的其中一個期待：「每次煮完飯後，由對方負責洗碗。」這議題已經爭執許久，對我來說，雖不喜歡，但也沒有什麼理由反對，於是我猶豫了一陣子，下定決心說：「好！我洗。」話音未落，我的眼淚就掉下來了。太太一旁愣住，沒有多問也跟著紅了眼眶說：「如果真的那麼不想洗，也可以看情況不用洗。」我當時對於自己為何落淚，其實並不清楚，只感覺到犧牲、難過和委屈。

在課堂上，瑪莉亞聽了我們的分享之後，只記得她和我太太說：「Andy（我的英文名）是個很特別的人。」總之，這件事有了初步的協議和承諾。

又經過了好多年，這個洗碗的議題雖然仍然存在，但變得越來越緩和，爭執的頻率變低，強度也減小很多。同時，我也才漸漸的明白，我在承諾洗碗之後的眼淚，代表著什麼樣的意義。

原來，在我的原生家庭裡，我是不用進廚房做事的，那是媽媽的領地，我做的家事頂多是掃掃客廳和庭院。結婚之後，我被要求洗碗很不習慣、也很不情願，在多年的掙扎和拉扯之後，我勉強承諾會洗碗的那一刻，感受到了自己「放棄了媽媽的愛」，彷彿從此再也不會擁有她的愛了。後來，我才明白，我下意識的把「不用進廚房、不用洗碗」等媽媽對我的照顧方式，視為她對我的愛，想要複製這樣的愛

在成年自己的環境中，期待我的太太也能對我這麼做。因此，當我不得不承諾要洗碗時，彷彿是**幼年的自己**失去了媽媽的愛，接觸到很深的失落和悲傷。

當我愈加明白這一點時，我才更能跟**幼年的自己**說：「我的太太不是你的媽媽，我也不是幼年的你了。我成年了，可以照顧幼年自己的情感，好好的關照和陪伴那樣的失落與哀傷。」同時，對成年的我而言，洗碗也更新了它的意義，它代表著我對太太的體諒和愛，也是讓自己擁有更舒適環境的一份意願與貢獻，洗完之後也會帶來一點小小的成就感。

這個故事的另一面是，我太太為何堅持我要洗碗呢？根據她的描述，在她的原生家庭裡，爸爸媽媽同樣都在上班，下班之後媽媽操持家務、煮飯，爸爸則是負責拖地、洗碗。這樣的對話讓我更加明白，她也是在重現原生家庭的某種想像和情感，分攤家務代表著「公平和體諒」，代表著「家」溫暖的氣氛。

洗碗的議題似乎是一件小事，但卻深入到了親密關係雙方的原生家庭經驗，也涉及到了雙方內心的渴望。或許從另一種角度來看，沒有一件事情是小事情。

從我自己的經驗可以想見，許多的親密關係從相遇到逐漸穩定下來之後，類似的小事情就會對彼此的關係產生或大或小的衝擊，如果不明白彼此原生家庭的動力，沒有機會去檢視自己的經驗和深入的溝通，就有可能會逐漸累積這類的爭執，消磨彼此的情感。反之，當爭執產生時，可以回到自己的內在，照顧和陪伴自己的心情和情感，探尋自己的堅持或執著，看見它是如何形成的，就會比較能夠鬆動雙方

的僵持。

透過衝突事件回看原生家庭

當親密關係的雙方，在某些情境下一再重複發生類似的衝突，形成了彼此需要面對的議題，比如說：我和太太在洗碗上的堅持。如果雙方願意嘗試協商解決，但又發生了不願承諾或是承諾之後仍再度發生的情況，可以猜想這可能涉及了彼此原生家庭的重要經驗與情感。

如果從冰山的角度來看，雙方衝突的內在癥結點可能是**感受**（無法瞭解或接納對方的感受）、**觀點**（彼此堅持不同的價值觀或爭辯對錯）或是**期待**（彼此在需要共同決定或執行的事情上想要的方向不同）的三個層面。

如果從感受、觀點和期待的任一層面，找到了彼此僵住的部分，這時需要讓彼此停下來，先回到雙方在情感上的連結，以及願意為關係創造美好未來的期盼上，再開始真誠的好奇與瞭解對方的堅持，看看可能是來自於原生家庭的哪些經驗，試著接納對方在這些經驗中所產生的情感。

即使暫時還無法找到幼年經驗的連結，也可以信任自己和對方，一定是有某些過去情感因素的影響，這會帶來更多彼此包容和柔軟的狀態，留存繼續探索的空間。

當然，不論是否能找到上述幼年經驗的因素，面對現在彼此的議題，找到目前彼此可以接受的暫行方案是有必要的。有時，可能會像我當時那樣，面對一個相當合理的家事分工，理智上沒有理由可以拒

絕，但是一旦口頭承諾後，湧現出的情感或情緒，就會成為一個很好的探索入口。

綜合上述所言，可以形成如下幾個原則：

1. **確認**雙方**有意願**針對某個長久以來爭論的議題協商，為的是讓彼此的關係更靠近或未來更美好。
2. 彼此運用**冰山的架構**溝通與好奇，各自在堅持什麼？找出在**感受、觀點**或**期待**上的阻礙。
3. 帶著情感的連結與支持，去聆聽彼此**和此議題有關的幼年情感經驗**，必要時進行「和幼年的自己對話」（練習5）的轉化過程。
4. 不論是否完成上述探索與轉化的過程，都願意**協商與承諾**彼此一個可接受的暫行方案，日後可以在有條件的情況下，再繼續上述的過程。

從雙方的期待出發

如果在上述第二步驟「運用冰山的架構探索雙方的爭議」遇到了困難，比如有些伴侶在溝通時，很容易被較強烈的情緒所觸動，而無法持續溝通。或是，溝通時雙方連結到其他事件，而在表達或想法上跳來跳去，感到混亂而無法聚焦時，可以運用**彼此的期待**作為主要溝通和協商的方向。

換句話說，先不在單一困難的議題上聚焦，而回到彼此在關係中

的期待。就像當初我和太太在瑪莉亞的工作坊當中，雙方先各自列出對對方最主要的五到十個期待，再輪流針對每一個期待，進行溝通和協商。

　　這樣做的好處是回到一個更大、更整體的視野，而不被一個暫時難以解決的議題卡住彼此的關係。其次是，先處理雙方較容易核對與協商的期待，得到比較正向的結果後，會帶給雙方更多的信任和信心，也累積成功經驗，讓彼此更有能力處理較困難的部份。

從原生家庭的探索出發

　　如果在上述第三步驟裡，很難找到和議題有關的原生家庭經驗，可以先反過來，較為全面性、概略性的探索自己或雙方的原生家庭經驗，可回到「原生家庭圖」（練習3）進行探索，尤其是「探索與分享」的第八題：

　　在父母的互動和關係中，你學到了哪些事情？並且，哪部分至今對你的婚姻或情感方面仍有影響？例如：男人、女人應該要像什麼樣子？婚姻要像什麼或應該要如何？在婚姻中，兩人的親密關係應該是怎樣的？

　　幼年時父母之間以及父母和我之間的互動，都會成為我們對於不同性別的主要印象，以及對於親密關係、婚姻、家庭的重要想像。就像上述故事中，我和太太在婚姻中彼此對待的方式，有著我們自己沒

有覺察到的家庭圖像，如果有機會透過原生家庭的探索，才會比較容易明白自己在關係中的反應或堅持，讓我們有機會進行調整與轉化，不再受到原生家庭經驗的侷限。

結語

在《關係花園》這本書中，提到親密關係會經歷五個發展階段：浪漫期、權力爭奪期、整合期、承諾期、共同創造期。這五個階段中，從彼此深受對方吸引的浪漫期之後，最關鍵性的時期就是**權力爭奪期**，因為這時期關係穩定下來成為「家人」，引發了幼年**原生家庭**深刻的情感經驗，直接影響到後續關係發展的不同走向。

即使親密關係的雙方無法同時學習薩提爾模式，也可以先由其中一方學習和成長，在關係中練習和自己連結、接納自己，轉化原生家庭的影響力，讓自己變得更完整，才有能力用一致性的方式和伴侶互動與溝通，促使伴侶也有機會用他的步調開始學習和改變，逐步走向可以共同創造美好生活的階段。

12

轉化過去的影響力

　　從前文的描述，不管是從個人內在歷程（冰山）的角度來看，或是從家人關係（原生家庭的三角關係）的角度來看，我們可以理解到來自於原生家庭、成長經驗的影響力。誠如薩提爾模式的信念：「雖然我們無法改變過去已發生的事件，卻可以改變該事件對我們的影響。」[9] 雖然這些事件本身已經過去，但是它們的影響力留下來了。「欣賞並接納過去，可以增加我們管理現在的能力。」因此，如何面對、處理和轉化這樣的影響力，讓我們真的能夠欣賞與接納過去的體驗，將之轉化成資源，整合成更完整的自己，是接下來最重要的部份。

回溯影響現在的過去

　　有一位三十多歲的女性，一直時不時的感覺孤單，有時必須透過做很多活動或事情，去減緩這樣的感覺。有時，她在很多人的場合也

9　此句與下句引用皆出自《薩提爾的家族治療模式》（同註6）。

會升起孤單感，常覺得與其他人格格不入。

　　她學習了薩提爾模式之後，知道這樣的孤單感並非只是來自當下情境的感受，更多的是來自過去經驗的影響，於是她開始回溯自己是從何時感覺到孤單的，她想起以下幾個事件：

- **五歲的事件**：從奶奶家回到父母家。她有記憶以來就和奶奶一起住，直到快要上小學了，才回到自己的家，和父母、姐姐一起住。
- **九歲的事件**：她在學校受到幾位女同學的排擠，她們不和她說話、也不理她，她也不知是怎麼回事，原來關係還不錯，某一天就改變了，其他同學也沒有說什麼、冷眼旁觀，好像也跟著忽略她，這樣的狀態持續了半年多。
- **十三歲的事件**：她和父親大吵一架。她感覺不到父母的疼愛，覺得他們只是要求她做好自己的事、達到他們的期待，卻不了解她的需要和感受，她一直覺得自己是個外人。

　　過去的事件如何衝擊幼年的她？而這樣的衝擊是否仍然持續影響著現在的她？

　　五歲的衝擊是幼年的她被硬生生的拉出所熟悉的世界，回到父母的家，心裡很想念奶奶，對父母和姐姐感覺很陌生，很隔絕、難以融入。她之前雖然也很期待能和每一、兩個禮拜見一次面的父母和姐姐住在一起，並困惑自己為何被單獨的留在奶奶家，姊姊卻可以跟著父母一起住——她覺得自己對父母而言似乎不夠重要。然而，真的回到

父母家之後，卻體驗到生活習慣和互動方式完全不同的陌生感，明明是家人，應該要更感覺親密，實際上卻感覺到孤單。類似這樣的孤單感，在她成長的過程中不時的出現。

九歲的衝擊是感覺到人際關係的脆弱與可怕，並感受到受傷、孤單與無助。因為她和父母也不親近，也不知要怎麼說，所以一個人忍耐被同儕排擠的狀態，整個人變得退縮、沉默、不快樂。長大之後，就算身處在人群中，也總感覺想要和人保持距離。

十三歲的衝擊是認為父母並不愛她，卻對她有很多的要求，讓她感覺到心煩。父母之間也常有爭執，更讓她對父母感覺失望和生氣，因而常和父親有對立、緊繃的狀況，直到考試成績下滑這件事，引爆了父女倆人大吵一架，她和父親之間的關係就更疏離了。一直到成年後的現在，和父親、母親與姐姐的關係仍感到很難靠近。

關於回溯，有一點要提醒大家，以便想要回溯自己過去經驗的朋友，可以有比較清楚的引導去體驗這樣的歷程。當主角在回溯幼年相關的事件時，是透過體驗「孤單」的感受而慢慢浮現出記憶來，並不是使用思維邏輯的推論和分析所得出來的結果。如果你的感受不是「孤單」，而是其他長期存在或常常出現的感受如憤怒、焦慮、恐懼、無力、羞愧等，也可以用這些感受去回溯過去是否有類似感受的事件。

過去如何影響現在

接下來以圖示說明，幼年的她被過去的上述事件衝擊，而事件的

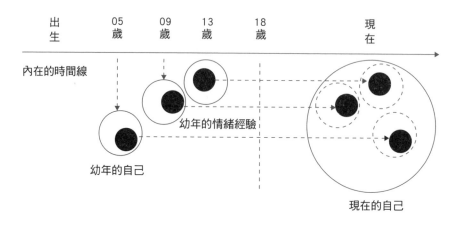

圖2-9　從幼年到現在

影響力是如何留到現在的。

　　圖2-9中，橫放、箭頭向右的射線，代表著她經歷過出生（零歲）、五歲、九歲、十三歲、十八歲，一直到現在的「內在時間線」。**內在時間線**指的是我們透過記憶所建立的時間順序感，並非實際或客觀的時間，它可能儲存在我們的內心、腦神經系統和身體裡面。

　　其中五歲、九歲、十三歲的標示底下，各有一個實線小圈，這代表記憶中「幼年的自己」。而小圈圈裡面的實心黑圓，代表當時的事件所產生的**衝擊**，包括當時的記憶、心中的感受與想法，以及身體的感覺，如果用最主要的成份來命名，可以稱之為「幼年的情緒經驗」。這些衝擊（或情緒經驗）對於幼年的自己來說，很難理解或承受，因此下意識的把衝擊或情緒經驗隔離、凍結或封存起來，這樣才

能正常的生活與學習。

　　然而，這些衝擊和體驗並沒有消失或離去，它儲存在神經系統和身體裡面，就像圖2-9中「現在的自己」（用最大的圈圈代表），裡面包含了三個小圈圈（幼年的自己）以及內含的衝擊（小黑圓）。

「現在的自己」和「幼年的自己」的關係

　　我先將「現在的自己」放大如右圖，再進一步說明。

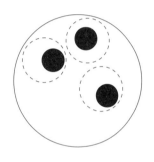

平時的狀態

　　請留意上圖中五歲、九歲、十三歲標示下的三個實線小圈圈，在「現在的自己」裡面，就變成三個虛線小圈圈，虛線代表著「隱而不顯」的狀態，也就是表示她認為這都已經過去或遺忘了，平時對這三個「幼年的自己」是沒有覺察的。

　　虛線小圈圈中的小黑圓，代表著這三個不同時期或歲數的「幼年的自己」所體驗到的情緒或情感經驗，仍然被凍結在她的內在和身體裡面，它們並不是過去的那些你所體驗到的事件，而是那些事件衝擊到她而**留下的情緒、情感、身體感覺和記憶**。

　　這兩者的分辨很重要：第一，有種說法是「事情已經過去了，不可能改變了！就不用再糾結、沉溺於過去，讓我們繼續往前走吧！」讓你誤以為可以把過去忘掉，就不會再影響你了。事實上並非如此。

　　第二，事件雖然已經過去，不再回來、也不能改變，但是事件所

帶來的影響力（它所留下來的情緒、情感、身體感覺和觀點）是可以改變的！如果不去覺察和改變，它就會用隱晦的方式來影響你，你無法察覺，更不可能改變或掌控。

「現在的自己」被影響的狀態

她是一個成年女性，是職業婦女，也是母親。她在平時處理許多繁複的工作，同時兼顧家庭以及照顧孩子，是很有能力的人。這時，過去的經驗對她的影響力並不明顯，也不造成困擾，如果要她回溯幼年經驗會很困難，也很難有感覺，彷彿「幼年的自己」是不存在或躲藏起來的。

但她在某些時刻獨處時，容易會有一種不明所以的孤獨感，這時「幼年的自己」似乎出來主導了她這個人的狀態。

若是發生一些受衝擊的事件，整個人受到影響而情緒低落時，除了會感覺難過、沮喪外，孤獨感就更加強烈，甚至感覺被淹沒，陷入無力、低沉的狀態。這時「幼年的自己」不僅處在主導的狀態，「現在的自己」更可能已經失去功能或是躲藏起來，彷彿消失了。

上述自我狀態的變化，我嘗試用圖2-10說明她平時的狀態，以及在現在的生活中，被過去經驗所影響後的狀態。

圖2-10左方代表她平時的狀態，內在的過去體驗隱而不顯，但是仍可以隱隱然感覺到一種空虛或是空洞的感覺。

當「現在的自己」被某事件衝擊，比如說，經歷了一些不如意的

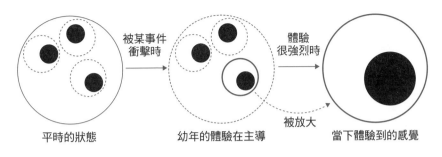

被某事件衝擊時　　　體驗很強烈時

平時的狀態　　　幼年的體驗在主導　　　被放大

當下體驗到的感覺

圖2-10　自我狀態的變化

事情之後，一個人獨處時，被深深的孤單感所籠罩，這時候的狀態可能就進入了圖2-10的中間，「現在的自己」的大圈變成虛線，代表著「成年的自己」部分已暫時隱退、消失，而大圈內右下角的「幼年的自己」的小圈變成實線，代表著幼年自己的情緒經驗被激起，成為主導她整個人的能量，因此感覺充滿著無助、悲傷的孤單感。

如果體驗更加強烈，就會像圖2-10的右方，幼年的體驗似乎被放大了，在那一瞬間，她可能以為這樣強烈的孤單感是現在自己的狀態，但其實已經掉入幼年自己的狀態，而完全被幼年的體驗所淹沒。

成為更完整的自己

覺察、探索和理解到這些關聯性之後，又可以朝向哪一個方向來整合自己？回到這個案例的主角，當深深陷入無力、悲傷的孤獨感時，她可以怎麼做呢？

薩提爾女士相信「我們都擁有內在的資源以成功地應對和成長」[10]，因此只要她不忘記自己此刻就是一位成年人，相較於過去或幼年的自己，已經擁有足夠豐富的內在資源，去面對過去或幼年體驗的脆弱感受，她就可以讓「現在的自己」穩住在當下，而不會失去功能或隱退。

　　當「現在的自己」（或「成年的自己」）和「幼年的自己」可以同在時，自我療癒就開始啟動了！尤其是「成年的自己」可以好好的接納、認可、陪伴、照顧、滋養、保護……「幼年的自己」時，就會產生很美好的「自我整合」體驗。

　　如同圖2-11右方，當覺察到「幼年的體驗」浮現時，讓「現在的自己」回到當下（大圈是實線），與「幼年的自己」（大圈內右下角的小圈也是實線）同在，讓自我的兩個部分開始有連結與交流，就會成為一個最好的「自我整合」的時機。

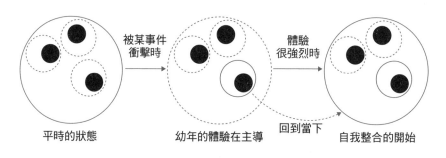

圖2-11　回到當下的自己

10　出自《薩提爾的家族治療模式》（同註6）。

「現在的自己」和「幼年的自己」的連結、交流和對話，是整合自己的其中一個方式，後面將會介紹「和幼年的自己對話」的方法。

　　如果將2-10與2-11整合成一張圖，就會是下圖：

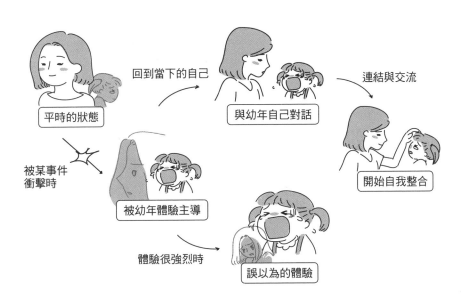

結語

　　在成長過程中，我們經歷了一些艱難時刻，這些情緒經驗讓當時的自己很難面對和處理，日後就會選擇將它隔離或封存，於是在心裡感受到了缺憾或空洞。

　　這樣包含著特定時刻的強烈情緒（感受）、當時認定的信念或決定（觀點）以及未滿足期待的經驗記憶，形成了彷彿凍結在過去的

「幼年的自己」，而不再長大。

幼年（十八歲之前）的衝擊與體驗，形成了一種潛藏的影響與動力，在意識層面上有時很難覺察，但似乎會讓我們感受到一種無法掌控的情緒或行為，常常覺得自己不夠好，或是有空洞或空虛的感覺，想要被填滿或被滿足。

透過原生家庭的探索，以及運用原生家庭的雕塑進行體驗，可以感受到幼年自己的無力、恐懼、憤怒、難過等情緒，並從中理解到「幼年的自己」非常狹隘而有限的觀點（信念或決定）。

重要的是，我們意識到「現在的自己」已經擁有與當年完全不同的經驗與能力，我們可以用現在更豐富的觀點、更有力量的情感，更有智慧與能力去整合過去的經驗。

用一個隱喻性的說法，我們可以用**「現在成年有力量的自己」**去照顧「幼年的自己」，**成為自己內在更好、更理想的父母**。或是，換一個說法，為當年的父母完成他們沒有機會或沒有能力完成的任務，好好的照顧、滋養「幼年的自己」。作為成年人的我們，可以為滋養與照顧當年的自己負起責任，這些幼年的情緒經驗將有機會被滋養與整合，成為現在更完整的自己。

回到薩提爾模式的初衷，薩提爾模式追求的不是「完美」，而是「完整」。也唯有接納不完美的自己，才更有機會成為完整的自己。

和幼年的自己相遇

　　如果你對這個冥想有所體驗、你也很喜歡，我希望你可以常常練習和體驗，會為你帶來很不一樣的改變。之後，你可以以此為基礎進行「和幼年的自己對話」的練習，這是非常重要的方法，希望你可以重視並且成為你幫助自己的方法。

和幼年的自己對話

對我而言,「和幼年的自己對話」是真的可以**放下過去**的方法之一,對於過去或幼年經驗的遺忘、迴避、不理會……等方式應對,並不會真的「放下」,也很難真的往前走,反而是**面對、接納、包容、轉化和認可過去的生命經驗**,才能整合自己,迎向未來。

● 原則

和幼年的自己對話,是讓自己更加完整的過程。基本的原則是:「帶有情感、體驗性與真誠的方式去進行,朝向接納、正向、滋養的方向前進。」

歷程可分為以下階段:

一、感受:真誠的表達此刻對「幼年自己」的感受,尤其是負向的感受,允許自己表達出來。然後再感受「現在自己」的感受是否有變化?對面想像中的「幼年自己」是否也有不同的反應或變化?

二、同理或共情:表達我(現在自己)對於你(幼年自己)的理解,包括當年自己的處境、心情、想法與未滿足的期待。

三、承諾:表達我(現在自己)願意接納、陪伴、肯定、認可、

照顧、滋養……你（幼年自己）。

四、欣賞感謝：當年「幼年自己」付出的努力、決定以及辛苦或痛苦的代價，讓我（現在自己）發展出種種的資源與能力，也獲得現在的許多成果或成就，值得我表達出欣賞或感謝的心意。

步驟

○、準備

上一篇案例的主角，學會了「和幼年的自己對話」的方法，在她陷入深深的孤獨感之時，會提醒自己「現在的自己幾歲？」讓自己回到成年人的狀態，然後感受與陪伴此刻內心的情緒：無力、悲傷和孤獨，並將這樣的情緒視為「幼年自己」的體驗，而不是當下「成年自己」的狀態。

如果能夠回溯幼年的相關事件，比如五歲時，從奶奶家回到父母家的不適應經驗。這時，給自己一個安靜、安全、不受打擾的時間和空間，如果可能，找一位可以相互信任和支持的朋友陪伴自己，讓她（他）可以陪伴、支持與提醒自己，避免自己一時不察、陷入「幼年自己」的情緒體驗而難以自拔。

一、表達負向感受

開始運用自己的記憶力和想像力，想像當年五歲時回到父母家的小女孩（幼年的自己）就站在自己面前。看著自己當年的樣子，心裡感覺到有些厭煩，因為很不喜歡當年自己孤僻、陰沉的樣子。這時候

誠實的說出自己心裡的感受：

「我看到你就有點煩！……」進行對話時，「我」是現在的、成年的自己，「你」是幼年的自己，「我」和「你」的分辨是很重要的。

「妳為什麼一回到家就這個死樣子？難怪家人都不喜歡妳！」這樣的表達是非常重要的，是很好的進展！因為很多朋友縱使對當年的自己不滿或生氣，卻也很難誠實表達出來。如果不能承認或表達這些負向的感受，這樣的感覺就容易積累、堵塞在心中，後續不容易產生有感覺的對話。

「妳怎麼這麼彆扭！送妳到奶奶家是父母太忙，沒法照顧妳，妳有什麼好不高興的？妳明明很想回到父母家，可是一回來又想回奶奶家，妳到底是怎麼回事啊！……」不管她內心出現什麼想法或感受到什麼情緒，都一股腦的說出來，不需自我審查和把關，一直說到對「幼年的自己」開始有些心疼的感受。

二、表達對幼年自己的同理

「我覺得妳還滿可憐的！」眼眶濕潤，話鋒一轉，開始連結到當年自己的感受。有些朋友在和「幼年自己」對話時，可能一下子就感受到心疼的感覺，這時就可以先略過前面表達負向感受的過程。

「我知道妳很不安、很孤單！回到父母家感覺很陌生，不知道要如何和他們相處。妳也很想念奶奶，想念被疼愛、被陪伴的感覺……」她開始淚流滿面，表達了對「幼年自己」的同理，也更能連結當時的感受和想法。「同理」就是對「幼年自己」內心感受、想法和渴望的理解與體會，並將之表達出來。

「我知道妳很希望能融入這個家，希望爸爸、媽媽可以接納、包容你，希望姐姐可以和妳說說心理話，但是妳很失望、難過，這樣的遺憾一直在妳的心裡⋯⋯」她在每一次對「幼年的自己」表達之前，都會先感受自己當下情緒上的變化與浮現的想法，也會想像對面的小女孩聽了她的表達以後，會有什麼樣的反應，再根據自己內心的變化和想像中對方的反應，來決定接下來要說些什麼話。

當覺得自己對「幼年自己」的同理已經說得差不多，就可以進入下一個階段。

三、表達對幼年自己的承諾

「我現在已經長大了！我有一個不錯的工作，也是一個孩子的母親。」這段話是自我提醒，讓自己更加回到「成年自己」的狀態，同時也讓「幼年自己」可以感覺到是一個大人在陪伴她、和她說話。

「我願意回來陪伴妳，在妳感覺到孤單、悲傷和不安的時候⋯⋯。這麼多年來，我不知道可以和妳連結、可以來關心妳，讓妳處在這樣孤單、無力的狀態那麼久，讓我很心疼。對不起！」跟隨自己的心，真誠地說出這些話，是給「幼年自己」的承諾。

「從現在開始，當我感覺孤單時，我知道妳出現了，就會來陪伴妳、和妳說說話⋯⋯」閉上眼睛，想像自己和這個小女孩之間的距離，如果可能，用身體和幼年自己進行接觸，牽手、搭肩、擁抱⋯⋯，透過身體的感覺去體驗和小女孩連結。如果還無法這麼做，也沒有關係，慢慢來，多嘗試幾次這樣的練習，你和幼年自己的關係會越來越親近的。

四、表達欣賞感謝

當睜開眼睛，再次看著這個小女孩，想到當年自己可愛或開心的樣子，說：

「**我喜歡妳**開心時候的笑容！喜歡妳純真、可愛的樣子！」

「**很欣賞妳**對奶奶的愛，以及想要靠近家人的心。……」

「**謝謝妳**當年沒有放棄，努力的撐下來，我才能走到今天……」

此時不再只是看到可憐、無力、孤單和悲傷的小女孩，也看到小女孩的純真、善良與韌力，看見更完整的自己。

這時候感覺到自己內在的生命能量提昇許多，心裡感覺到更加的踏實和輕鬆，孤單感似乎在對話過程中悄悄的消退了。你自己知道如果之後再次感受到孤單，可以持續進行這樣的自我對話，一次又一次的練習，直到即使仍然有些微的孤單感存在，卻已經不再困擾了，更重要的是，感覺到對自己有更多的認可，以及更平靜、更穩定的內在狀態。

◦ 提醒

1. 對話歷程必須持續用「我（現在自己）」對「你（幼年自己）」說話。

2. 每個時刻均根據「我（現在自己）」和「你（幼年自己）」的狀態和感受，決定下一刻要說出的話的內容。

3. 上述歷程請將其作為參考即可，實際過程可能會反覆、不按順序的發生，最重要的是依據你內心真實的體驗來進行。

這個「和幼年的自己對話」的方法和步驟，不是我個人的發明，而是參加瑪莉亞老太太的工作坊，或是擔任她的小組老師在旁學習她帶領「家庭重塑」的過程數年後，所得到的領悟和歸納。當然，這些是我根據自己的學習經驗所進行的詮釋，不代表她本人或是其他同儕也是用這樣的角度來詮釋她的工作。因此，如果這樣的方法可以對學習薩提爾的朋友有幫助，那要歸功於瑪莉亞老太太的教導；如果有我誤解或曲解她教導的部份，那是我自己要負責的。

　　上述提醒的第二、三點，若整合起來可以用下圖來說明。

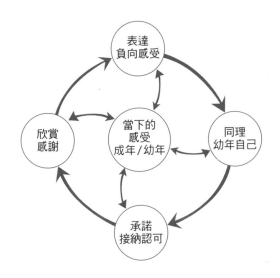

　　整個對話歷程最重要的起點以及對話的方向，是中間的「當下的感受」（包括成年自己和幼年自己的狀態和感受），以此來決定要從四個階段的哪個階段開始，以及接下來要進入哪個階段，簡單來說就

是「跟著感受走」。這樣的話，對話歷程就會是流動而不僵硬的，不必受四個階段原來順序的束縛。

概念與用語的釐清

「幼年自己」不是「內在小孩」。

「內在小孩」是其他學派或是廣泛流行的心理用語，根據貝曼老師的看法，這個概念被使用時，容易出現兩種流弊，一是「內在小孩」變成一個人內在永遠不變的部分，似乎成為從這個人分裂出來的次人格，而不是一個完整的個體。二是「內在小孩」容易成為某些人不想要長大或負責任的藉口，比如當自己把信用卡刷爆時，就說這是為了「內在小孩」而做的，彷彿自己可以沒有責任。

「幼年自己」（或「小時候的自己」）的基本概念來自於薩提爾模式家庭重塑的歷程，幼年（十八歲之前）的情緒或情感經驗需要被我們接納、認可、滋養，用現「成年自己」的能力與力量，為自己負起責任，讓幼年被凍結的經驗（包括求生存姿態、長期重覆的感受、信念、未滿足期待）予以轉化，讓它重新流動、成長，直到長大成人和成年的自己整合起來，成為一個更完整的自己。

這裡說「成年自己」、「幼年自己」中的「自己」，在英文的用語是「Self」，接近人的「本質」、「核心」的部份，和「自我」（Ego）是不同的。

常見疑問

以下是我在工作坊中陪伴學員進行「和幼年的自己對話」時，常常聽到的一些疑問，試著回應如下：

1. 對於童年的記憶一片空白，都記不得了，怎麼辦？

很多人記不得過去的事情是很常見的，首先想問的是：我們內心深處是否想要記得呢？選擇遺忘或隔離幼年不喜歡、不愉快的記憶，是一個孩子的心理能力或自我保護的機制。如果現在作為成年人的我們，想要再度回憶起來，可以透過點點滴滴的線索去嘗試搜尋，或說說當年還記得的小故事，這可以幫助我們慢慢回復一些重要事件的記憶。在薩提爾模式中，會透過「原生家庭圖」、「家庭生活年表」、「影響輪」的繪製或是相關的冥想，來幫助我們更全面性的了解與體驗十八歲之前的生命經驗。

2. 我回溯不到幼年的事件怎麼辦？

回溯最重要的是，透過體驗特定的感受而慢慢的浮現出記憶，不是使用思維邏輯的推論和分析所得出來的結果。有時需要一段時間，如能保持耐心，像上面所說，用類似方式（敘說當年小故事、繪製「原生家庭圖」、「家庭生活年表」、「影響輪」……）來搜尋記憶，或使用「冰山」探索自己的內在，可以幫助自己回溯。當然，就算回溯不到也能夠

直接和想像中的「幼年自己」對話，只要有感覺就可以。

3. 我看不到小時候的影像怎麼辦？

有的人可以看得很清晰、看到很多細節，有的人只能看到模糊的影像或是輪廓，有的人看不太到影像，這也很常見，因為每個人內在運作的模式和擅長的部份不同。就算看不到影像，只要能想像並感覺到「幼年自己」彷彿就在面前，也能夠進行對話。看不到影像沒有關係，對「幼年自己」有感覺是進行對話的主要動力，如果沒感覺的話，就需要運用任何可以喚起你感覺的方式去進行，如：運用實物，像是小時候的照片、抱枕、椅子或情境⋯⋯等。有的人是一開始對「幼年自己」說話就會有感覺。如果還是找不到其他方式，找一位朋友或學習同儕站在你前面，替代「幼年自己」的影像也可以。再不然，透過薩提爾的專業助人者或工作坊講師的引導，也是一個引發體驗的機會。

4. 我和「幼年自己」對話時，會感覺到害怕、無力甚至不想再對話下去，怎麼辦？

請記得在對話過程中，你所感受到的脆弱或負向的感受，極大可能不是「成年自己」的感受，但因為和「幼年自己」同時存在在同一個身體之內，所以容易混淆。換句話說，害怕、無力、不想再對話的感覺可能是「幼年自己」當年的體驗，如果你能細細的分辨和體會，就可以感覺到，這時直接

告訴他：「我現在可能感受到你的害怕、無力，也不想再對話下去了，我猜你可能……」，這樣你比較可以回到「成年自己」的狀態，繼續對話下去。

5. **我認為自己沒有能力照顧「幼年自己」，無法承諾他去陪伴和照顧，怎麼辦？**

和上一題很類似，覺得自己「沒有能力」的想法和感受，可能是「幼年自己」的感覺，或是你此刻已經變成「幼年自己」的狀態而不察，提醒自己回到「成年自己」的狀態，問自己現在幾歲，體驗自己作為一個成年人擁有的能力。或是問自己，如果眼前這個孩子不是「幼年自己」，而是其他的孩子（你的親戚、鄰居或學生），你有沒有能力陪伴和照顧？如果答案是肯定的，那就沒有理由說無法照顧「幼年自己」了。

走進冰山，體驗渴望

薩提爾模式提供「冰山」的隱喻作為一個框架，
讓我們完整的看見一個人的不同層面，提醒我們
看到「整個人」——除了外在的行為外，還有內
在的感受、觀點、期待與渴望……

13

你怎麼看一個人？
——冰山的隱喻

你是怎麼看一個人的呢？你怎麼看他人和自己的？

我們對人的看法會影響我們的理解與行動。

舉例來說，如果我們看一個人、一個孩子、一個學生，只關心他的行為表現，如：他做得好不好？他有沒有遵守社會規範？他的學業成績如何？或有沒有考上一個好學校？而不認為或是不好奇他有其他重要的部份，那我們就容易把一個人看扁了，簡化了一個人的狀態。我們會不知不覺用他的行為表現，決定他這個人的價值，同時也會使用獎懲的方式或制度，來糾正、激勵或改變這個人。

反過來說，如果一個人被這樣看待和對待——尤其是我們的孩子或學生，他們也會不知不覺的，把他的行為表現和他的自我價值感看成同一件事了！換句話說，他們會很容易認定：「我**做**得不好就等於我**這個人**不好！」因此，很容易感覺到有壓力和焦慮，若是常常表現不好，就會感到沮喪、無力，甚至放棄。即使表現得好，卻會焦慮之後能不能做得一樣好或更好，不斷需要證明自己夠好？

我們不也是這樣長大的嗎？當我們在自己所在乎的領域中表現不好時，也會很快的出現自己很糟糕的感覺，因而覺得沮喪、低落……不是嗎？在這個時候，我們往往忽略了自己這個人複雜而豐富的面向，僅僅聚焦在行為表現上。

　　薩提爾模式了解到，大部分的人容易注意到一個人的「外在」行為，而常常忽略了他的「內在」發生了甚麼？對我們的家人、對自己都是這樣。有時，我們以為我們很瞭解朝夕相處的家人，其實，我們所了解的是他面對某些情境出現的特定行為反應，但可能並不清楚他內心真正的考慮和感覺是什麼，也許會有猜測和經驗累積得到結論，卻也不習慣進行核對，產生長期的誤解。

　　薩提爾模式提供「冰山」的隱喻作為一個框架，讓我們完整的看見一個人的不同層面，提醒我們看到「整個人」——除了外在的「行為」外，還有內在豐富而重要的「感受」、「觀點」、「期待」與「渴望」……。

　　我在第2章曾描述「生命力」進入到受孕卵，開始形成身體、擁有行為的能力，在子宮內體驗到人類的渴望（安全感、歸屬感），出生後表達單純的情緒（哭、笑）、體驗被愛的渴望，後來開始有了觀察與詮釋、開始形成觀點與期待，衍生出更多複雜的感受以及對待感受的方式，形成感受的感受……這是我對個人內在如何形成的想像。

　　接下來我將會用另一個角度（第一人稱的位置）說明冰山。

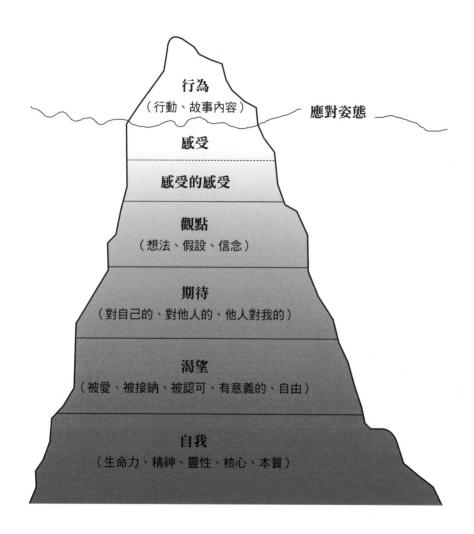

行為
（行動、故事內容）

應對姿態

感受

感受的感受

觀點
（想法、假設、信念）

期待
（對自己的、對他人的、他人對我的）

渴望
（被愛、被接納、被認可、有意義的、自由）

自我
（生命力、精神、靈性、核心、本質）

對「我的」冰山的描述

當我被一起共事的朋友責備，沒有把該負責的事情處理好時，我的內在出現了下面的歷程：

1. 行為（行動、故事內容）

我悶聲不響、什麼都沒說、低頭、兩眼直視地面，整個身體似乎也縮了起來，你看到了，我也觀察到自己的行為反應。

你看著我時，只能看到冰山水面上的「行為、身體與肢體語言」，聽見我所敘說的「故事」或「事件」，以及說話時的語調、語速、聲音大小。對於我內在（冰山水面下）的狀態，必須透過這些外顯的行為、身體的表達來「猜測與想像」，並選擇以口語的交流進行「核對」。

2. 應對姿態

若隱若現的，我覺察到自己似乎處在一種退縮、打岔的狀態裡。這是我的冰山在海面交界處的「求生存姿態」，那像是透過身體的表達，又像是一個立場或位置，又或是一個保護自己的本能反應。如果這姿態被你和我所覺察與接納，會將我帶入一個更深的認識之中。

3. 感受

透過打岔姿態的線索，連結到我身體的感覺，覺察到胸口悶悶的、鼻子酸酸的、心跳加速、胃部隱隱作痛、肌肉無力……，試著尋

找適合的字眼表達，慢慢連結到對自己的生氣、難過和無力......，過往的成長經驗常會讓我無意識的忽略或壓抑這樣的脆弱感受。

4. 感受的感受（對感受的評價、決定）

此刻，當我意識到自己的生氣、難過和無力時，突然升起了沮喪與挫敗的感受，想到小時候父親總叫我要堅強、男兒有淚不輕彈，我也花了很多時間、方法去改變自己，卻沒有明顯效果。

對於這樣負向的「感受」，常常不能接納，是因為過去生命經驗形成的觀點，讓我對它進行「評價」，使我對於這樣的「感受」衍生出另一層次的感受——「感受的感受」，生命能量也隨之低落。覺察到這一層次的感受，使我更加了解我長久以來對待自己的方式。

5. 觀點（想法、信念、家庭規條）

當我被你氣呼呼的指出事情沒有做好，覺得自己真的很糟糕而感到難過，也生氣自己為何沒想到更好的做法。甚至認為自己似乎不可能達到你的期待，感覺到無力、想要放棄。

我嘗試好奇自己，看見這些感受後面的「觀點」，也許是一些習慣性的想法（做不好就等於我這個人不好），也許是過去父母對我的評價（你就是這樣丟三落四的！），也許是我對自己的觀點（我就是缺乏行動力，執行任務的能力很弱），然後我也常用這樣的觀點（標準）去評價別人、想像別人。我發現，自己長期以為是真理、真實的信念，其實是來自過去的學習，來自成長經驗的歸納，或是在原生家庭中潛移默化所形成的規條。於是，我發現可以有新的學習、新的想

法、新的視框,增加了更多的自由與選擇。

6. 期待

我可以理解你期待我負起責任、把事情做好,我對自己也有同樣的期待,因為這樣就可以得到你的認可,也會對自己滿意。同時,我也希望你跟我說話的態度可以更平和、更和顏悅色,這樣我會更放鬆、更能接納你的回饋。當然,不管你如何表達,我都希望自己可以更加坦然、更能面對,這樣會讓我更認可自己。

過去常常發現我對自己、他人以及某些情境有所「期待」,也因期待落空而感到失落、哀傷,有時太難以承受,就會選擇以憤怒去表達,或是以沉默不語迴避。當我澄清這些「期待」所產生的想法與感受,發現了過去許多的「未滿足期待」,常常騷擾我,影響我對事情的看法與感受。

透過學習之後發現:對於某些不合理、不實際的期待,我可以選擇「放下」,也許會帶來一些哀傷,因為那是過去的堅持與渴求;也許我願意為付出更多、更加落實,努力去達成這個期待;或許我可以有新的選擇,當我更加瞭解自己真正的「渴望」時,可以選擇一個更適當的期待或目標去實踐;又或許,就讓我抓緊一個難以達成的期待,只要我清楚那會得到什麼好處,以及要付出什麼代價。

7. 渴望

我越來越明白自己的期待和需要,並想像我想要的場景:「你用心平氣和的方式,跟我談你的看法,而我也可以坦然的接納與面對,

彼此有一段真誠的交流。」我想像並體驗這樣的期待就在此刻發生，感受到被支持、被認可，以及和你之間更美好的連結，身體也變得放鬆，胸口升起溫暖的感覺。這時，我連結到自己想要被接納、被認可的「渴望」，從你的目光中，看到了深層的理解與連結，帶來了一股新的安穩與力量。

8. 生命力／本質／自己（SELF）

體驗到渴望的同時，感覺到自己的能量升高，感到滿足和穩定，我的身體也能更放鬆、更腳踏實地。重要的是，確認自己**值得擁有**這樣美好的體驗以及內在的力量。逐漸地，感覺到我和你同在一個更大的整體之中……，回到此刻，可以更加坦誠的面對，以及一致性的回應現實中的困頓。

• • •

以上，用第一人稱「我」的角度描述冰山，體會這冰山的八個層面是一個整體的系統，相互關連、相互引發，幾乎同時發生。這樣的個人內在歷程如同自動化的導航系統，而我們的注意力、覺察力僅能捕捉其中比較明顯的部分。不過，如果可以時時保持覺察，就會更加明白內在是如何運作的，並嘗試做出自己想要的選擇與改變。

14

探索冰山
——個人的基礎練習

　　「冰山」是「一個人」的隱喻，包括了這個人的**外在行為**和**內在歷程**的整體狀態。在薩提爾模式的成長與學習中，探索冰山是非常重要的運用。

　　冰山的八個層次之間是一個完整的系統，任何一個層次的變動都會引發其他層次的變化。因此，透過這個冰山的架構在進行自我探索時，一開始可能會感覺到茫然無措，或是按照特定的順序探索時，會感覺相當的生硬，不易產生體驗。

　　之前約翰‧貝曼曾有個比喻：學習探索自己的冰山，就像是學習一項樂器，剛開始從音階開始練習，按順序彈奏一遍、再倒過來彈，這樣來回多次，等到熟悉音階之後，才練習簡易的曲調。冰山的八個層次，可以視為基本的八個音階，先按順序來回走過一遍，這樣練習多次，更加熟悉之後，再嘗試比較複雜的、更適合你個人習慣的探索歷程。

　　過去學習冰山時，是透過他人提問或是自己直接體驗內在，再試

著將冰山記錄在紙上，也就是先一步一步的「體驗」冰山，再將體驗到的部份「寫」下來，寫是為了記錄探索歷程作為備忘。

但是，我自己經歷過、後來也常看到的現象是，「體驗」冰山的過程不夠充分，反而「寫」冰山變成了主要的部份。甚至，有些工作坊要求的作業是一個月內寫下三十個冰山，這樣做其實是用心良苦、也很合理，一天一個冰山探索是很基本的練習。只是，「要求」的形式容易帶來壓力，而落入過去在學校中應付作業的舊有模式，在心態上失去自主而寬鬆的空間，有時變成了為寫而寫，變成了頭腦的分析、推理居多，忽略與內心的連結，就失去了探索冰山的真正精神，寫冰山也難以發揮真正的效果，久而久之就逐漸放棄練習了。

另一種推薦的形式是我在瑪莉亞・葛莫莉老師的工作坊中學到的，先「走」冰山，有時間再「寫」下來。所謂的「走」冰山，是真的用走的！方法如下：在八張卡片上寫下冰山的八個層面，按照順序在地板上排成一列，每張卡片相隔一小步的距離（如圖3-1），從「行為」開始，一邊體驗、一邊往下走，走到哪一個層次，就進入內在去體驗那個部分。

接下來，我們先看個人基礎練習的範例，再說明步驟和細節。

和孩子的小衝突

一位剛上過工作坊的媽媽，看過講師帶領其他學員走冰山，自己也在小組練習過。

她某天下班回家，一開門就看到正值青春期的兒子在打遊戲，她

圖3-1　走冰山

問：「你功課寫了沒？」兒子不回應，把客廳電視關了，直接走回房間，卻用力的把門帶上。因為不想要製造進一步的衝突，她沒有再追上去，但是心裡感覺悶悶的，所以她決定先走一下自己的冰山。她進了房間，拿出自己寫的八張卡紙擺在地上，開始走冰山。

　　她站在「行為」卡紙的旁邊，做了一、兩個深呼吸，和自己的內在連結一下。現在要走冰山的「事件」是「今天下班一進門，和兒子有了一個不愉快的互動。」她想了一下：「我的行為是……看見孩子打遊戲，問他：『你功課寫了沒？』」

　　這時，走一小步到「溝通姿態」卡紙旁：「我的溝通姿態是……那句問話有指責，後來他進房間，我沒再多做或說什麼，有點在**打岔**，因為擔心可能會有更大的衝突。」

　　然後再往下走到「感受」的卡紙旁，這裡需要特別專注在內心，

同時感受一下此刻身體的反應，包括心跳、呼吸、肩頸、胃部、皮膚、肌肉……的狀態，有助於瞭解自己的情緒狀態。她感受到比較主要的是「**生氣**」，但生氣底下有些比較隱微的感受，**挫折、擔心、難過、無力**……，越去感覺就越感覺到更多細微的感受，這些感受也相互的牽動著。

接下來走到「感受的感受」卡紙旁，問自己：「剛剛的這些感受，我可以**接納**嗎？」她感覺了一下，對於其他感受還好，但是對「無力」特別不能接受，因為這感覺讓她好虛弱、好沒用，覺得自己好糟糕！她很氣自己這樣的狀態！

這時，她不想再往下走了！因為**感覺很不舒服**，但是，這樣就中斷、放棄很可惜，她想起之前的學習，提醒自己可以用正向觀點看待負向的感受，雖然感覺不舒服，但卻是很重要的探索入口，**這不代表自己不好**，而是想要成長和改變必經的過程，**值得認可自己**此刻進行的探索。

她決定往下走到「觀點」卡紙旁，再一次深呼吸，回到剛剛和兒子互動時不舒服的感受，和「無力」感**待一會兒**……，問自己：「無力感和什麼樣的想法有關？」，或是「什麼樣的想法讓我產生這樣的無力感？」她想：「和兒子的互動一直重複著類似的狀態，自己用了很多方式，也看了好多書、上了很多課程，卻仍然沒有什麼改變！這樣好無力喔，真想放棄算了！」這樣的無力感好像在跟她說：「**你真沒用！**學了這麼多、這麼努力，還是沒有進展！」她討厭這樣無力的感覺，**責備自己**為何這麼沒用！

她讓自己安靜下來，喔……原來是這樣啊！她看見自己**不想面**

對無力感，是因為無力感等於自己「**沒有用**」、「**沒有價值**」，比較明白了自己感受背後的觀點，心也變得清明一些、穩定一些。於是，決定繼續往下走。

到了「期待」卡紙旁，問自己：「我真正想要的是什麼呢？⋯⋯我期待什麼樣的情況呢？⋯⋯」她想到自己希望「**兒子**可以認真的學習，回家後會先做功課，然後再去玩遊戲一小時」，也希望「**自己**可以和兒子更好的溝通，也和他的關係更好一些」。

走到「渴望」卡紙旁，她將剛剛的期待化成具體的想像：「下班一進門，孩子不在電視機前，往裡走看見他在房裡讀書、做功課，看到他很專注、認真的表情！抬頭看到我，跟我打了招呼，聊了兩句就繼續看書！⋯⋯」她讓自己像冥想般走進去這個美好的場景，專心的體驗，感覺心裡好舒服、好溫暖⋯⋯，身體也變得放鬆，心口有點發熱！

這時，她走到「生命力」卡紙旁，直覺評估自己的能量狀態，從一開始的四分，到此刻是八分，她很喜歡這樣的狀態。接著問自己：「我值得這樣美好、滿足的感受嗎？」心裡滿確定自己是值得的，這樣的確定感讓自己更加穩定而紮實！

此刻，帶著八分的能量狀態，帶著剛剛體驗到的舒服、溫暖的心情，往回走到「期待」的卡紙旁，問自己：「期待有沒有變化？內容有沒有需要調整？」她發現「期待的內容沒太多變化，不過感覺看待這個期待變得比較輕鬆、有彈性了！當自己帶著比較高的能量，即使看到兒子在玩遊戲，也比較不會那麼生氣、挫折或無力了！」她覺得滿神奇的，**原來自己的狀態改變，看事情的眼光就不太一樣！**

走回到「觀點」卡紙旁，自己的想法有些變化，冒出不同想法：「兒子玩遊戲不代表他不在乎學習，有時是回來想先放鬆一下，只要當天有把功課做完、有好好念書就可以了！就算玩過頭了，我也可以提醒他。」

回到「感受」卡紙旁，自問：「同樣的事再次發生，我的感受會不一樣嗎？」剛剛在「期待」卡紙旁，已經感受到了自己的不一樣。此刻的心情也變得穩定、有力量了！

再走回「行為」，問自己：「如果這件事再次發生，我會怎麼做？會和之前不一樣嗎？」她再次想像回到家、看到兒子玩遊戲的場景，如果再次發生，她會「和孩子打個招呼，聊兩句，然後提醒他注意時間，早點去做功課。」於是，她站在「行為」卡紙旁演練，在想像中對孩子說了那些話，說完後感覺自己很輕鬆、很舒服，想像孩子也能接受她的提醒，她感覺這樣滿好的。

回顧這次走冰山，感覺滿順利的，很有能量、也很有學習。她知道不會每一次都是這麼順利，但是，只要她願意堅持下去，走冰山的歷程總會越來越有進展的。

. . .

其實冰山的每個層次都可以細究，但剛開始練習時先用簡易的方式進行，著重於體驗，不計較太細節或太複雜的情況，待日後更加熟練之後，再進行更多不同探索路徑的嘗試會更好。

上述的案例是一個比較理想的情況，然而大部分朋友在初學時，

常會遇見各種不同的阻礙，這是很正常的，透過較資深學習者的引導、同儕小組的陪伴，以及自己在演練上的堅持，將會越來越有體會，也更加順手。

在這個基礎練習中，「**從期待進入渴望**」是關鍵中的關鍵，在其他層面上遇到困難和問題，可以暫時跳過、忽略，但這個部分我會建議**持續嘗試、堅持突破**！關於這點，後續我會做更多的分享。

走冰山

如果將前述案例這位母親走冰山的歷程記錄下來，就會如圖3-2。

在「寫」冰山時，主要是記錄和備忘，所以不需太詳細，只要記下重要的關鍵字，在日後回看時可以看得懂、記得這次探索的歷程就好！所以，可以比圖3-2更加簡要，不用完整的句子。而有些朋友喜歡書寫、擅於運用文字，當然也可以用更細緻的方式，用文章的形式反芻，甚至發展更深入、更複雜的內在歷程。

● 步驟

請先找一個最近「具體發生過」、你還「在意」的「小」事件，來練習走自己的冰山。「具體發生過」是希望你先不要去探索抽象的或假設性的問題，用生活中實際發生的事件來練習會比較容易。而「在意」是走冰山的動力，拿一個你已經不在意的事件，可能會覺得沒什麼意思，也不太會有進展。最後，「小」事件是希望先不要拿嚴重或複雜的問題來走冰山，對於初學者而言，容易陷入訊息太多的混亂狀態，反而會有比較多的挫折感。

找到之後，可以用兩、三句話描述這個事件給陪伴你走冰山的夥伴，作為走冰山的背景。接下來一步步說明：

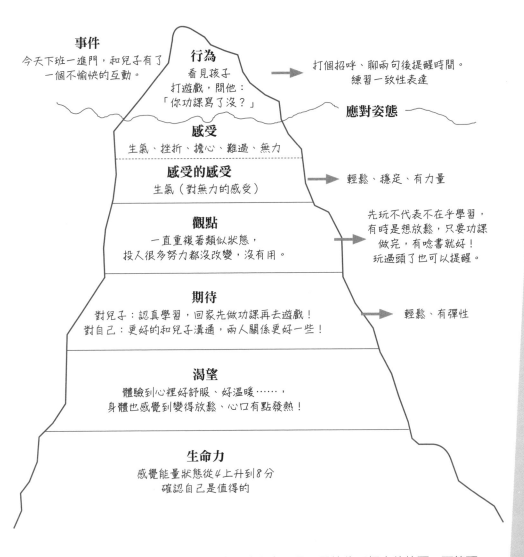

事件
今天下班一進門，和兒子有了
一個不愉快的互動。

行為
看見孩子
打遊戲，問他：
「你功課寫了沒？」

打個招呼、聊兩句後提醒時間。
練習一致性表達

應對姿態

感受
生氣、挫折、擔心、難過、無力

感受的感受
生氣（對無力的感受）

輕鬆、穩定、有力量

觀點
一直重複著類似狀態，
投入很多努力都沒改變，沒有用。

先玩不代表不在乎學習，
有時是想放鬆，只要功課
做完，有唸書就好！
玩過頭了也可以提醒。

期待
對兒子：認真學習，回家先做功課再去遊戲！
對自己：更好的和兒子溝通，兩人關係更好一些！

輕鬆、有彈性

渴望
體驗到心裡好舒服、好溫暖……，
身體也感覺到變得放鬆、心口有點發熱！

生命力
感覺能量狀態從4上升到8分
確認自己是值得的

圖3-2　冰山備忘圖：左方和中間的文字，是一開始往下探索的摘要，而箭頭
　　　　右方的文字，則是往回盤整的變化。

往內探索
········

0. **事件：用兩、三句話簡述事件背景或情節**

   用最簡要的方式描述，可以兩、三句話，或是用一、兩分鐘說明，作為背景。如果你覺得説得太少會沒有感覺，那就説到你有感覺為止。

1. **行為：在事件中，我做了或説了什麼？**

   他人或自己可以具體看見或聽見的部分，在事件中可能是比較關鍵性的動作、行為，甚至是表情、聲調……，至少是「説」了什麼或「做」了什麼？ 反觀自己的行為，是很重要的開始！

2. **應對姿態：我是怎樣應對或保護自己？**

   根據上述的行為（説或做），它所代表的溝通姿態是什麼？指責、討好、超理智、打岔？可以選擇其中一種或兩種為主（關於四個姿態如何判別的細節，可參考第7章）。

3. **感受：回想事件發生當時的感受為何？體驗此刻感受為何？**

   如果感受較難接觸，就需要回想事件發生當下的情境，尤其是你最在意的部分。想像在此刻重現事件，看看感受如何？

4. **感受的感受：我是否能接納自己負向的感受？若不能，會有何感受？**

對於事件中產生的負向感受是否可以接納？換句話說，當你有負向感受時，你會如何看自己？因此，感受的感受就是對自己（有了負向感受）的評斷。

5. **觀點：探索上述的「感受」或「感受的感受」背後的想法、價值觀或信念為何？**

   是什麼想法讓你有那樣的感受？對於該事件、對於他人、對於自己是怎麼想的、怎麼評價呢？當你停留在感受裡時，你會連結到什麼圖像、話語或想法？

6. **期待：釐清自己真正想要的是什麼？（重要！）**

   在這個事件中，你希望發生什麼事？也就是說，你當時希望事情如何發展？希望**他人**怎麼說、怎麼做？希望**自己**怎麼做、怎麼說？其實，你有負向感受，就表示當時的事件並沒有按照你的期待發展，從這裡反推，就會比較明白自己想要的是什麼。

7. **渴望：透過上述的期待，經過想像，體驗自己的渴望**

   將上述的期待變成具體的場景，像影片般越具體、越細緻越好！體驗期待達成之後的滿足感或深層感受，覺察自己身體和情緒的變化，記得那樣的感覺，這很重要！更詳細的說明請見第 16 章。

8. **生命力：自我評估生命力如何變化？從一到十分，確認自己的存在價值**

   生命力一到十分的自我評估，也是學自於瑪莉亞老太太。一分代表你認為自己處於最糟的狀態、能量不能再更低，十分代表你最為飽滿的狀態或高峰經驗。你的自我評分沒有任何人可以質疑你，也完全不適合和他人比較。沒有零分或負分，只要你還活著就至少是一分！最後，問自己值不值得擁有這樣滿足或美好的狀態？

往回盤整

9. **期待：連結生命力與渴望之後，再次回頭看看自己之前的期待有何變化？**

   當你生命力提昇之後，帶著那樣美好或有力量的狀態（這是關鍵點），回看之前的期待，此刻再看時感覺如何呢？期待的標準會降低嗎？期待的內容有變化嗎？還是內容不變，但感覺它變得沒那麼緊繃或比較輕鬆了呢？

10. **觀點：之前的觀點是否有所改變？是否有新的觀點加入？**

    繼續帶著美好或有力量的高能量狀態，看看之前的觀點有無變化？是否會冒出新的觀點來看待原來的事件？如果暫時沒有，也不用勉強，保持放鬆、不緊繃的狀態。

11. **感受：核對此刻的狀態、感受如何？想像事件再次發生，感**

受將會如何？

再次感受「此刻的感受」如何？並問自己這個事件如果再次發生，感受會和之前一樣，還是會有變化？進入想像，體驗一下，然後覺察自己的感受。

12. 行為：練習一致性的表達，或是確認對自己的承諾

問自己如果這個事件再次發生，我會怎麼做？和之前的行為會有何不同？如果有不同，需不需要練習？如：「我會做一致性的表達。」此刻就演練幾次，看看感覺如何？想像對方在你表達之後的反應是如何？然後進行修正和練習。最後，看看需要承諾自己什麼？如：「我會經常練習更一致性的表達。」然後，欣賞感謝自己完成了一次冰山探索的練習！不管過程如何、結果如何，都值得好好的欣賞和認可自己，在這樣的狀態中結束。

● 結語

探索冰山的個人基礎練習中，每個層次的探索都需要「覺察」，但在不同層次也有不同的著重點（如下頁圖3-3）。

在事件發生之後，自我的冰山受到衝擊。若能對於「行為」、「應對姿態」層次開始帶著**正向**、**好奇**的眼光，才能順著左邊箭頭一步、一步往下走，**由外在進入內在**的覺察與探索。對於「感受」、「感受的感受」的層面最重要的就是保持**接納**，透過感受對「觀點」進行**探索**，才能根據前面這些層次而更加**瞭解**「期待」，藉著期待達

成的想像，**體驗**到「渴望」與「生命力」。

　　然後再順著右邊箭頭往回走，持續**連結**著「生命力」和「渴望」，帶著這樣高能量狀態，再往回檢視「期待」、「觀點」、「感受」三者的變化，最後回到「行為」層面，進行適當的演練、回應或一致性的表達，對於自己的改變願意承諾，對於願意進行冰山演練的自己表達欣賞感謝。

　　原則上，先熟悉冰山探索的**個人**基礎練習，再開始練習下一篇的關係的基礎練習。我們先要能夠在自己身上進行這兩種基礎練習，除了對於自我成長有極大的幫助之外，越來越熟悉這樣的探索過程之後，更能因瞭解自己而瞭解他人的狀態，甚至有機會透過**對話**（包含一致性表達和冰山歷程的提問），在和對方的互動、交流中，協助對方或影響彼此。

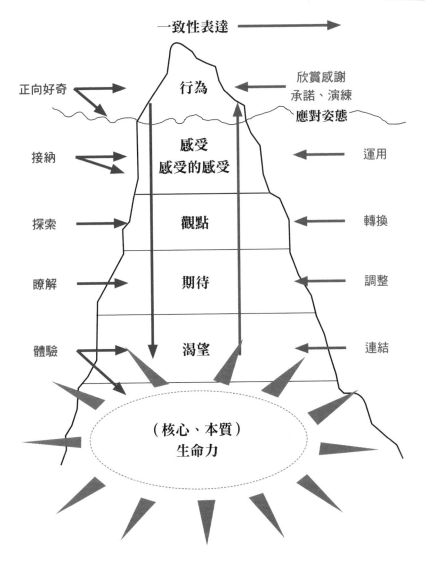

圖3-3　基礎練習概念圖

15

探索冰山（二）
——關係的基礎練習

關係中的小爭執

　　一位太太按時煮好晚餐，等待先生回家，但先生不僅晚歸，也沒有事前打電話說一聲，回來時還一臉不高興，太太看了也一肚子氣，就問他：「你怎麼這麼晚回來？」先生臉色更難看了，不發一語就回房間去了。或者，另一種情況是，先生大聲回應：「難道我不想早點回來嗎？」然後轉身離開，兩人都很不高興……。

　　這是在親密關係中很常見、很小的一件事，但是習慣性的說話方式與應對模式，在彼此間累積了越來越多不愉快，也不知該如何處理，久而久之，就變成關係上很大的問題，比如：常常為小事爭執、兩人冷戰不說話……。

　　當你處在有壓力、身心疲憊或負向情緒積累過多的情況下，很容易出現上述**自動化的即時反應**，在事後可能又覺得懊惱或後悔。以太太而言，她覺得自己很辛苦，接孩子放學、處理完家事、煮好晚餐，

希望先生能滿意開心，但先生不僅晚回家還一臉不高興，讓她感覺到很難過、很委屈，然後一股憋著的氣以及委屈感就浮上來了。

以先生而言，他可能在辦公室被上級責備，或是和同事有不愉快，工作也做不完，好不容易可以回家好好休息，太太卻一副不高興的質問，讓他更心煩。

所以，太太指責，先生就打岔或是指責回去。

這些反應通常不是可以理性控制的，在你意識到之前就已經表現出來了。如果覺察到這樣的情況，會發現這早已不是第一次，過去、甚至從你很小的時候就已經常常發生了。

這個覺察是很重要的，因為沒有覺察就沒有學習。

出現這種不一致性的反應，並非只是表面上看到的「有壓力、身心疲憊或負向情緒積累過多……」的情況所導致，更重要的環節是，在有壓力的情況下，人們進入了**求生存狀態**，感受到威脅、不安全感，產生焦慮、擔心、無力，甚至憤怒的情緒，心理最深處感覺到的是「**我不夠好**」。在這樣的脆弱狀態裡，你必須保護自己，就非常本能的出現這樣的應對方式。

探索關係中的冰山

如果其中一方（如太太）來學習了薩提爾模式，剛開始可能還無法改變太多，但只要她有體驗和學習，願意回家堅持練習走冰山以及一致性表達，那麼就有可能改善彼此的互動方式，讓彼此更靠近。

這次她在晚餐後，想要走一下自己的冰山，也嘗試看看對方的狀

態。她在一個不受干擾的小空間，拿出冰山卡片擺在地上，一邊是自己的冰山，另一邊則是代表先生的內在狀態。然後，她開始走冰山。

她回想晚餐前的狀態，當時自己質問對方：「你怎麼這麼晚回來？」（**行為**），她的「應對姿態」是指責。

質問先生的當下是帶著怒氣的（**感受**），因為他晚回來還一副臭臉，完全不在乎她一天的辛勞，以及準備晚餐的用心，讓她感覺不受重視（**觀點**）。當先生臉色更難看、默默回房時，她感覺很懊惱和難過（**感受**），因為她不想要兩人不愉快，但卻忍不住做出這樣的反應（**觀點**）。

她知道自己還是對於上述的生氣、懊惱不太能接受，有些自責（**感受的感受**），於是讓自己深呼吸，提醒自己接納這些負向感受，並允許自己和這些感受待一會兒……此刻才想到，之前在等先生回家時，就已經累積了委屈、煩躁（**感受**），當時，先生遲遲未歸、飯菜都涼了、孩子也餓了，但她又很希望一家人可以一起吃晚餐（**期待**），但自己的用心和努力，卻白忙了一場、沒被先生看見（**觀點**）。

上述的冰山歷程中，通常在我們的思維和語言裡，「感受」、「感受的感受」和「觀點」這三個層面是交雜出現的，甚至在「觀點」的探索中也會連帶出現「期待」。實際上冰山的各個層面在我們內在是同步運作的，感覺是混雜在一起的，而且很多時候我們無法覺察，因此冰山的架構提供了一個很好的參考，協助我們易於覺察和分辨。

回到這位太太，她繼續探索自己的冰山。她期待全家人可以一起吃晚餐、期待先生早點回來、期待先生可以和顏悅色地和她說話，也期待面對先生的遲歸，自己的態度可以更好……。她想像這個自

己期望的美好畫面，置身其中……感受到全家人在一起愉悅的幸福感，肩膀放鬆了、胸口也覺得比較舒服，心情也輕鬆了（**「渴望」層次的體驗**）。

她感受到自己的生命能量提升了（自我評估：從三分提升到八分）。在這樣的狀態下，她能夠去好奇與猜測剛剛先生的冰山。

先生回來時臉色難看，並在她帶有指責的問話後，默默回房（**行為**），他的「應對姿態」是打岔也有些指責。「感受」應該是生悶氣，可能是在工作上有些挫折或其他的不愉快，回家太太又沒有好臉色、好言好語，但他又不想和太太爭執、衝突，可能認為太太也不理解、不想多說了（**觀點**）。他應該希望回到家可以放鬆、不用再沉浸在工作的不愉快之中，希望太太能夠用比較關心的方式迎接他（**期待**），他也會希望在家裡感受到溫暖的氣氛、感覺被看重（**渴望**），但他沒有得到這樣的期待，沒感受到被關心，**生命能量**可能很低。

她猜測完先生的冰山，心裡有了心疼的感受，想要去關心先生。回頭再看自己的冰山，**期待**的內容並沒有改變，但是感覺比較放鬆，即使先生沒按時回來，也比較不會那麼有**情緒**，就像上述對先生的理解，**感受**到更多的疼惜。在**觀點**上增加的理解是，先生當時的狀態不好，無法按她期待的方式回應，讓她感覺比較可以接納。

這裡有個很重要的提醒，上述對先生冰山的好奇與猜測，最好是太太先走完自己的冰山，讓自己的生命能量提升之後再進行。否則，她可能還是處在負向情緒（委屈、生氣……）當中，抱怨先生的行為和應對方式，而無法真的去理解先生的狀態。

最後，回到自己冰山的「行為」層面，想像同樣情況再次發生，

練習一致性的表達：「看到你的表情，我猜你可能心情不太好，很想知道你怎麼了？……我今天一天下來，也覺得滿累的，不過，我準備好晚餐了，想和你一起好好吃飯、聊聊，等你梳洗、休息一下，就可以用餐了。」當她練習表達完之後，感覺很舒服，想像中先生雖然不太說話或只是簡短的回應，但是表情柔和多了。

冰山探索在此告一段落，此時對自己有了更多的欣賞與認可。

持續練習後的進展

這樣的過程可能還會反覆出現，但太太渴望改善彼此的關係，很願意持續一次次的覺察和探索，之後的反應可能會像這樣：

在先生回家前，她就感覺到自己的疲憊，並覺察到自己等待先生遲遲未回家的焦急和不耐煩，這時候，她靜下來接納並陪伴自己的感受，認可、欣賞自己一天的辛勞和用心，然後看到自己想要先生準時回家而努力做晚餐的期待：希望準備的晚餐能讓先生滿足和開心，先生也會感激和疼愛自己，一家人在一起吃飯，感覺溫暖和幸福。這時，連結被疼愛的感覺，感覺到自己平靜、安穩的心情。

帶著這樣的心情，當先生回來時臉色凝重，她並未像之前一樣，認為這個臉色是針對她或是不在乎她，也未聚焦在先生的遲歸，反而關心先生的狀態怎麼了？她知道可能跟工作有關。

到目前為止，我們可以發現，太太的反應已經有很大的變化了！為什麼會這樣呢？主要是因為，她先對自己做了工作，接納自己的感受，連結了自己的渴望，生命能量提升了、人安穩了，這時候就有餘

力可以去關心對方，而不是想著對方怎麼沒有按照她的期待：準時回家、和顏悅色。

這時，她可能帶著關心說：「你回來了！今天好嗎？看上去有點累，辛苦了！……發生了什麼事？我很在乎你的情況。」（也許可以有個擁抱）你猜，先生會如何回應？或者停頓一下，看看先生的反應：「想聊聊嗎？還是要先休息一下，等下再吃？」

當然，你也可以選擇不同的說話方式，很多人的習慣用語和上述可能很不同，但沒有關係，重點是，當你安頓好自己時，用帶著放鬆、關愛的方式迎接，用正向肯定與好奇的方式詢問，適度用眼神和肢體動作表達關心或支持，很可能結果會大不相同。

上述進行的過程已經接近一致性表達。一致性的溝通過程，徹底改變了兩個人互動的方式和方向！我想到的成語是「差以毫釐，失之千里」，這是很微妙、漸變的過程。若是先生開始回應太太，說起自己在工作中的不開心，那他們就進入了很好的交流，也會變得更親近。先生回家後，在晚餐前或晚餐過程中，兩人只需花個十幾分鐘交流，就擁有了美好的親密時光。

探索與轉化雙方的冰山

在個人的基礎練習演練一段時間之後，可以以此為基礎，加入**猜測**「對方」的冰山，成為冰山中**關係的基礎練習**。

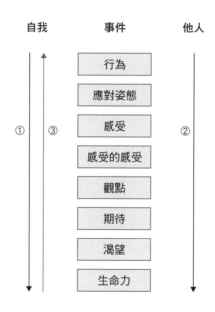

圖3-4　冰山關係的基礎練習

如圖3-4，在整個冰山卡牌的左側，是代表「自我」的冰山，如案例中的太太。另一側則是「他人」，也就是案例中先生的冰山。第

一階段，先往下走自己的冰山，進入到「渴望」，提升生命能量後，再進入第二階段，猜測與好奇對方的冰山。來到第三階段，回看自己冰山上可能的變化，最後，進入到練習一致性表達與自我認可，結束練習。

接下來是練習的步驟，及案例中太太走完冰山的摘要。

1. 先走自己的冰山

事件——用兩三句話簡述事件背景或情節。例如：先生晚回來，和他有了不愉快的互動。

行為——我做了或說了什麼？例如：質問對方：「你怎麼這麼晚回來？」

應對——我是怎樣的應對或保護自己的？例如：指責。

感受——回想當時的感受為何？體驗此刻的感受為何？例如：煩躁、委屈、難過、生氣、懊惱。

感受的感受——我是否能接納上述負向的感受？若不能，會有什麼感受？例如：生氣自己（自責）。

觀點——探索上述的「感受」或「感受的感受」背後的想法、價值觀或信念為何？例如：辛勞不被看見、不受重視，也覺得自己不該有情緒。

期待——釐清自己真正想要什麼（重要）。例如：全家人一起吃晚餐、先生和顏悅色的說話、自己能好好面對先生的遲歸。

渴望——透過上述的期待，經過想像，體驗自己的渴望。例如：被認可、內在安穩、溫暖、幸福。

生命力——一到十分的變化如何？確認自己的存在價值。例如：能量提昇（從三到八分）。

2. 猜測對方的冰山

　　行為——他做了或說了什麼？例如：臉色難看、被指責後不發一語就默默回房。

　　應對——他怎樣應對或保護自己的？例如：打岔、帶有點指責。

　　感受——他當時的感受如何？你能感同身受嗎？例如：生氣、鬱悶、心煩。

　　感受的感受——他是否能接納自己的負向感受？若不能，他會有何感受？例如：氣悶。

　　觀點——他的「感受」或「感受的感受」背後的想法、價值觀或信念為何？例如：老婆不體諒自己，自己也不想表達和爭執。

　　期待——他真正想要的是什麼？（重要）例如：老婆好好對待自己、自己可以放鬆。

　　渴望——他的渴望會是什麼？感受一下！（重要）例如：被關心、被認可。

　　生命力——他覺得自己怎麼樣？怎麼看自己？例如：自己很糟、能量很低。

3. 回到自己的冰山

　　生命力——再次連結自己更高的生命力，認可自己的價值。例如：覺得自己是值得的。

渴望——連結自己剛剛體驗到的渴望。例如：再次感受溫暖、幸福感。

期待——連結生命力與渴望之後，再次回頭看看自己的期待有何變化？例如：內容不變但較為放鬆、有彈性。

觀點——觀點是否有所改變？是否有新的觀點加入？例如：先生其實也不容易、他的臭臉不是針對我……

感受——核對此刻的狀態、感受如何？再次發生的感受會如何？例如：此刻感覺到放鬆、平靜、溫暖，就算再次發生煩躁、委屈、生氣，也會少很多。

行為——練習一致性的表達。例如：表達看到對方的狀態、表達關心、適度表達自己的狀態、表達想要靠近（想和你一起好好吃飯、聊聊……），最後欣賞感謝自己。

● ● ●

很多朋友在學習之初，需要比較明確的指引或步驟。透過這樣一步一步練習，能夠循序漸進而有所體會。當然，很重要的平衡是，不需要將這樣的步驟或指引變成限制自己的規條，尤其在練習幾次之後，感覺比較可以掌握練習的精神後，就可以對步驟進行修正或調整，以符合自己真實的狀態，不必受到這些步驟的侷限。

如果你對於冰山探索的「個人的基礎練習」以及「關係的基礎練習」，開始比較熟悉了，接下來就可以加入**「和幼年的自己對話」的方法，去轉化冰山中容易被卡住的層面**（感受、觀點和期待）。

16

你真正想要的是什麼？

——從期待到渴望

你真正想要的是什麼？

　　這個提問非常的重要。在我的薩提爾工作坊中，學習者會被邀請回應這個提問，在我的個人會談裡，也會以此探詢來訪者（或案主），作為一個重要的開端。這也是我在瑪莉亞老太太的工作坊中學到的很重要的一課。在更早之前，貝曼老師在我參加的兩年專訓中，也強調在會談的開端要設定「正向目標」，先聚焦在案主的正向期待上。當時的我剛開始學習，沒有體會到它的重要性，後來發現很多學習薩提爾專業助人的朋友，也會忽略這一點。

　　這個提問對於學習薩提爾模式的朋友，也是非常重要的！在你生活中某個瞬間失去方向或一時茫然無措時，都可以這樣問自己。當你投入某件事務甚深，開始失去初衷而感到疑惑之時，也可以這樣問自己，問問自己：「**我真正想要的是什麼？**」

　　當你明白和體驗到自己真正想要的是什麼的時候，不僅會感覺到

自己未來的**方向清晰**了，也可能會感覺到**放鬆和平靜**，更重要的是，有了更多的**內在力量與希望感**。

這個提問有兩個關鍵詞：「真正」、「想要」。

♦「真正」的意思

「真正」這個詞是要探尋你內在**更深、更原初**的答案。如果你回應這個提問時，說的是：「我想要孩子不要沉迷於網路遊戲！」這時可以繼續問自己：「如果孩子可以不沉迷網路遊戲，我會得到什麼？」

如果你的腦海中出現一個否定的聲音：「孩子不可能做到的！」這時，你需要保持相當高的覺察，將這個聲音擱置一邊，回到原先的提問：「如果孩子可以不沉迷網路遊戲，你會得到什麼？」

也許你很快就出現一個答案：「那他就能夠好好讀書，不讓我操心了！」不管你覺得這個答案如何，都是可以的，把它記下來。這時，可以繼續問自己同樣形式的提問：「如果孩子不再沉迷於網路遊戲、能夠好好讀書，不讓我操心，那我可以得到什麼？」

也許你靜下來想了一下，想到：「我就可以輕鬆了！」此刻體驗一下這種輕鬆的感覺，允許自己再繼續**打破砂鍋問到底**：「如果孩子不再沉迷於網路遊戲、能夠好好讀書，讓我不用操心而可以放輕鬆了，那我可以得到什麼？」

這時，你可能開始想到了**自己**：「我就有時間去做我想做的事情了！」如果是這樣，具體的想像你想去做的事情，不論大小都列出來，想像更多具體細節：你想在何時、何地做什麼事情？做的過程感

覺如何？……當你想像得更加清晰，請試著把它轉換成電影場景，想像自己走進去，彷彿此刻的你「有時間做想做的事」。看看自己的心情如何？身體會有什麼反應？再問自己：「如果孩子不再讓我操心而放輕鬆了，有時間去做我想做的事了，我可以得到什麼？」

也許你的答案是：「自由、開心」或是「做自己！」請先停下來，花點時間體驗這樣的感覺。如果你感覺自己走到這一步，已經十分滿足而找不到或不再需要其他更多的答案，或是覺得自己若能如此，人生已經了無遺憾，那麼「自由、開心」或「做自己」就是比較接近所謂「真正」的答案。當然，其實不論答案是什麼，都不必認為它是「真正」的答案，可以將它視為一個**暫時比較接近自己**的「想要」，以後可以隨著自己不同的進展，而修正或改變答案。

♦「想要」的意思

「想要」在薩提爾模式指的是冰山中的「期待」和「渴望」。

期待和渴望看起來很相像，許多朋友在剛開始學習時，一直不太清楚這兩者的差異。我們先看兩者的關聯，根據我的理解，**「期待」是達成「渴望」的具體方式，而「渴望」是「期待」達成時所體驗到的狀態**。如果「渴望」是目的地，「期待」就是通往目的地的路徑，如果用一句諺語「條條大路通羅馬」做比喻，條條大路就是「期待」，而羅馬就是「渴望」。

因此，**同一個渴望，可以經由同一個人的不同期待而達成**。比如「愛與被愛」的渴望，可以有「考試考得好，被父親稱讚、摸摸頭」、「難過的時候，媽媽過來拍拍背、端一碗我喜歡吃的點心給

我」、「生病時，爸爸急急忙忙的用腳踏車載我去看醫生」……等許多形式的期待。

同一個渴望，不同的人也會有很不一樣的期待。比如「愛與被愛」的渴望，在關係裡常常有所差異，一邊可能認為對方在自己疲累時，幫自己做飯或買飯，才覺得被愛。但另一邊卻認為對方記得自己的生日，並且送一束玫瑰花或精挑細選的禮物等，才有被愛的感覺。

由此，我們可以看見它們的不同，除了一個是路徑、另一個是目的地以外，**「期待」是你想要得到的具體事物**，如：某人的行為反應或某些情況的發生，以上述的例子來說，「孩子不要沉迷於網路遊戲」、「孩子好好讀書」、「我可以有時間去做我想做的事情」……等，有具體的人（我、孩子）、行為（玩網路遊戲、好好讀書、做想做的事）。而**「渴望」則是一種整體的狀態，包含較少用語言表達的深沉感受，以及主觀認定的概念**。如：感受是輕鬆、開心的體驗，以及主觀認定是「自由」或「做自己」的概念。渴望通常讓人感覺比較抽象。

關於「渴望」有個迷思，需要特別解釋一下。過去很多朋友學習薩提爾的冰山，常常是透過概念的解釋來瞭解渴望，比如：「期待是達成渴望的方式」、「渴望是人類共有的部分」、「渴望包含愛與被愛、被接納、被認可、有意義、有價值、自由等」。這些都是重要的概念，但是也常常因為先學習了這些概念，讓許多朋友誤以為這些概念本身就是渴望，因此在使用冰山探索自己時，在渴望層次就會說出：「我的渴望是被愛、被認可」，但在當下卻沒有體驗到。這好比「用手指指出月亮所在」，**概念是手指，體驗到渴望才是月亮本身**。

這裡特別要說明「體驗」。**薩提爾模式強調體驗性**，如果沒有體驗性，幾乎很難真正的理解與運用薩提爾模式，許多朋友回應，薩提爾的書籍字句都淺顯易懂，但就是不太明白它在說些什麼，直到參加了工作坊之後才恍然大悟。什麼是體驗呢？最具體的方式，就是檢驗你的身體有無反應？如：放鬆、緊繃、發熱、發抖、胸悶，或像有電、麻或氣般在身體竄流……，以及感受上的變化，如：變得開心、輕鬆、難過、緊繃等。簡言之，**用身體的不同反應與感受的變化，來檢驗自己有沒有體驗。**

體驗渴望是重要的

我們平時如何體驗到渴望呢？比如上述「生病時，爸爸急急忙忙的用腳踏車載我去看醫生」，其實是先有讓我非常感動、印象深刻的情境，滿足了我「被愛」的渴望，體驗當下或之後（通常是事後）才因為某些機緣或提醒，將這樣的體驗詮釋為「被愛」。當事後被問起：「你在什麼時候感覺到父親的愛？」你腦海浮現出這個記憶，然後開始向他人描述的同時，你可能眼眶濕潤，再次被感動，這時，你就體驗到了被愛的渴望。

因此，**重要的是體驗**，體驗之後再去分辨這是屬於什麼樣的渴望即可。

在薩提爾模式中，可以如何體驗到渴望呢？其中一個方式就是**「從期待進入渴望」**。

當你面對工作或生活，感覺到疲累、混亂或茫然無措時，可以自

問自答，運用下列的提問進行探索：

♦ 找出期待的提問

1. 調整一下自己的狀態，用一種比較真誠、專注的心境問自己：「對於這件事情（某個問題或情境），我真正想要的是什麼？」讓自己等一下，感覺一下自己的內心，讓答案自己浮現出來。

2. 如果得到的答案是○○（如：孩子不要沉迷於網路遊戲），就問自己「如果我得到（或做到）了○○時，我會得到什麼？」同樣的，讓自己等一下，感覺一下自己的內心，讓答案自己浮現出來。這麼做的目的在於避免頭腦**習慣性**地給出答案，而掩蓋了內心可能有不同的聲音。

3. 同樣的方式，如果得到的答案是△△（如：孩子能夠好好讀書，不讓我操心），就問自己：「如果我得到（或做到）了○○和△△時，我會得到什麼？」將前面的答案整合起來，再問自己可以得到什麼。

4. 如果得到的答案是□□（如：我可以有空做我想做的事），再繼續用上述方式一直問下去，一直問到你認為這是**你目前能找到的最終答案**，或是**讓你此生了無遺憾的答案**為止。

5. 如果你問：「我會得到什麼？」，沒有感覺也想不出來，也可以用「我的生活會有什麼樣的改變？」、「我的生命會有什麼不同？」來替代，看看是否對你有幫助。這幾個提問都是瑪莉亞老太太在她的工作坊中，經常協助學員探索自己的「想

要」的問句。

⚫ 進入渴望的提問

歸納一下經過探索性提問而得到的答案，讓自己體驗從期待進入渴望：

1. 請用一、兩句話簡明扼要的描述你的期待

以上的問題，都是在探索你的「想要」。將「想要」的部分「具體化」，也就是可以用具體的人、事、物，並用**直述句**而少用（或不用）否定句來表達的部份，就稱之為「期待」。

以上述的例子，期待可能是：「我的孩子不沉迷於網路遊戲、好好讀書，而我有時間去做我想做的事情。」由於「不沉迷於網路遊戲」是否定句，至少要加上「好好讀書」、「做我想做的事情」的直述句或肯定句來描述期待。

2. 描繪期待達成的圖像

將上述的期待，轉換成一個電影場景，將上述的期待變成立體、有具體的時間、地點、特定人物、你和他（或他們）清晰互動的場景，例如：「某天晚上，我從客廳走到孩子的房間，看見孩子很認真的讀書，你想起他最近已減少玩網路遊戲的時間……。然後你回到客廳，坐在舒服的沙發上，拿起自己很早以前就想看的書，沉浸在自己的心靈世界裡……」當出現這樣的場景，你就可以確定你期待的事情真的發生了。

3. 允許自己體驗性的進入或接觸你內心的渴望

當期待的圖像或場景描繪出來之後，讓自己靜下來，可以閉上眼睛，想像剛剛那個場景，讓自己走進去體驗那一刻，彷彿你想像的情境此刻正在發生！允許自己去體驗那樣的美好狀態，讓這樣的狀態停留得久一點……。

4. 辨識自己內心和身體的變化

當你覺得自己充分體驗到你所想要的場景，請覺察自己此刻心中的感受，以及身體上的變化，並記得這種感覺，比較看看和體驗之前有什麼差別？你的能量是否有提昇？你的狀態是否有改變？

通常從期待進入到渴望時，生命力會有提昇。瑪莉亞老太太常常邀請大家用一到十分評估自己的生命力，一分代表你最低潮、最糟的狀態，十分代表你最旺盛、最滿意的狀態。你可以用直覺自我評估自己生命力的變化，比如從四到七分或五到九分。

5. 對渴望進行命名

當你有了體驗之後，可以再針對你真正想要的渴望進行命名，這部份可以很自由，因為你才是自己體驗的主人，你的命名有你獨特的意義，不一定要用薩提爾模式提到的「愛與被愛、被接納、被認可、有意義、有價值、自由」等概念或

名詞，當然你也可以不去命名。

有些朋友會在步驟3和4的階段，在進入渴望的體驗時感覺到困難，或是進不去，那是沒有關係的，因為往往會從**看似挫折的經驗中，發現生命中重要的訊息**……接下來，在第17章會特別談到這個部分。

結語

希望上述從期待進入渴望的方式，可以帶給你很好的體驗，感受到自己的渴望與能量。我想邀請你，在往後你需要的時候，或是有時間時，可以再次的嘗試、再次的體驗、再次的練習，讓你在生活中，隨時可以去體驗到接觸渴望所帶來的能量。

這個能量完全是屬於你自己的，你本來就擁有這樣的渴望與能量，你需要的是讓自己有更多的練習、更多的體驗，來穩住你內在的能量，在這之後，不管你面對的是什麼樣的挑戰和困境，你都可以自由運用這渴望的能量來面對你的生活。

這個練習有一個非常珍貴的部分是，如果你可以常常體驗你內心的渴望，這個宇宙就會回應你的渴望、回應你的體驗、回應你內心這股滿滿的、穩定的、渴望的能量。

在此祝福各位，在後續薩提爾模式的學習裡，你能擁有滿滿的體驗、豐富的收穫以及美好的成長。

17

我值得嗎？
——觀點的阻礙

　　有一次，我在工作坊裡進行「從期待進入渴望」的練習，有位學員期待自己可以有親密關係，在體驗到渴望後不久，就舉手發問：「身體在發抖，不知道怎麼回事？」

　　「沒關係！這樣是可以的，你可以繼續發抖，甚至可以放大發抖的動作。」我用很冷靜、堅定的口吻，希望她可以接納當下的狀態，並將其視為可以好奇與探索的現象。

　　等了一會兒，我繼續說：「你可以一邊發抖、一邊保持著覺察，看看你的內在此刻連結到什麼？包括任何想法、影像或口語聲音……」

　　「我想到我的母親！」她說。

　　「怎麼說？」我邀請她再多說一些。

　　「小時候總是聽到媽媽抱怨過得很苦，我希望能夠讓她開心起來，現在我長大了，可是媽媽仍然在受苦。」她說到這裡，我就比較明白了。

當她透過渴望的體驗感受到幸福時，很快就連結到自己沒有幫到媽媽，留媽媽一人受苦，進而產生強烈的罪惡感，非常害怕自己真的背叛了媽媽而開始發抖。似乎可以這麼理解：如果媽媽不能幸福，她也不值得擁有幸福。因此，真的有人想要愛她、靠近她時，她可能會下意識的破壞關係，把對方推開。

• • •

你值得嗎？你值得得到你所想要的期待嗎？你值得被愛嗎？你值得擁有幸福和美好的體驗嗎？

「值不值得？」這個提問很重要！我甚至認為是薩提爾學習歷程中最重要的提問。在薩提爾模式裡，這個提問的答案是非常肯定的。它和自我價值感有密切的關係。薩提爾模式認為**每個人都是值得的！**因為薩提爾女士相信：「每個人都是同一生命力的獨特展現。」

但是，大部分人卻都不太能相信自己是值得的！因為從過去的成長經驗中，我們學會了「我不夠好」，除非我能證明，否則沒有人會真正的愛我，也不會得到我想要的美好與幸福。所謂「**證明**」，指的是符合父母及其他重要的人的期待，做得越好就越能證明，所以會要求自己完美、犧牲自己的需要去照顧或完成他人的期待和需要。

你相信你值得嗎？你相信薩提爾的信念嗎？

我希望學習薩提爾模式的朋友可以明白：值得被愛、值得擁有美好與幸福，不需要過去那些特定條件，像是要做得多好？要多符合別人的期待？最重要的是，**它是一種選擇！**

因為你長大了，你已經成年了，已經有足夠的能力和知識明白：**你可以為自己做出選擇**。你可以為自己**決定**，你到底要如何對待自己？就算所有的人都不愛你、不看重你，你也可以決定愛自己、看重自己！薩提爾模式提供它的觀點、它的信念，作為一個重要的參考，作為一個呼籲，請你給自己認可，相信你自己值得！

從期待進入渴望、讓我們體驗渴望，是「我是否值得」的重要試金石！

當你體驗到渴望的美好與滿足時，問自己是否值得這樣的美好與滿足？你內在很自然的會有答案冒出來，如果是肯定的，那當然很好，能讓你更加落實美好的體驗。如果答案是不確定的或否定的，請先別有太快的決定和反應，不管答案是什麼，都是重要的訊息，值得我們去探究。

比如，嘗試從「期待進入渴望」時，有的朋友會「沒感覺」、「感覺不舒服」、「剛開始覺得不錯，後來感覺到不好、卡卡或悶悶的」……這些感覺都很重要，一開始你可能會感覺沮喪、挫折，但是，如果你知道那是探索的重要入口，你可能就會比較接納、平靜，或許會有些興奮，覺得有希望。所以，當這些感覺出現時，請你和它待在一起一會兒……，讓自己有機會更深入的探索與瞭解自己。你可以用第5章所提供的方式（覺察、接納、好奇、轉化、練習、欣賞感謝）來加以探索。

在探索之後，你可能會發現，根據每個人不同的故事和成長經驗，形成了一些負向的信念或觀點，它們相當的頑固，似乎建立了一道牆，擋在你的期待和渴望之間，阻礙了你去體驗你的渴望。

根據我個人工作經驗的歸納，似乎常會出現以下這三個會阻礙你去體驗被愛的渴望的觀點（尤其是第三個）。如果你有發現這三個之外的觀點，請告訴我，我很樂於蒐集這些阻擋體驗渴望的牆，讓學習薩提爾模式的朋友可以多一個提醒和參考。

至少有三個**阻礙你從期待進入渴望的觀點**：

1. 想像（冥想、想像期待的達成）不符合現實，是假的。
2. 期待是不可能達成的。
3. 我不值得。

「想像是假的」

有的朋友心裡會想：「這樣的想像是假的，現實根本不是這樣。」「這種想像是自我欺騙！因為期待並沒有達成。」當你這麼想的時候，就不可能全心的去體驗期待達成後的感覺。

我想要回應的是，如果你認為想像是假的，也沒有錯，我也可以同意。可是，你也一直在使用負向的想像啊！比如說，焦慮是來自想像未來發生不好的事；你對過去的懊悔，也是你想像這件事彷彿在此刻重新發生，並沒有真的過去，而讓你很愧疚、很懊惱，不是嗎？如果它已經過去，你一直想它，也不可能改變，不是嗎？那又為何常常去回想？而且每想一遍，就痛苦一遍？如果你是這樣，表示你早就用負向的方式運用你的想像力了，那為何不能以正向的方式運用呢？

另一個觀點是：小孩子是很有想像力的，他們想像彷彿就在體驗

事實，也充滿著創造力，我們反而是被所謂的「現實」消磨了這樣的能力，如果我們能夠恢復，就可以運用這種能力**來改變自己內在的狀態**，當自己內在是穩定、積極的，反而更有行動能力，**對現實產生改變的力量。**

如果上述兩種觀點說服不了你，那可能是你的觀點受到過去經驗的影響，讓你產生了情感或情緒上的執著，可以看看自己過去有沒有受到某些經驗的影響，而讓你不相信可以體驗自己的想像？這都需要你去探索自己的內在。

如果你贊同我的說法，可以請你暫時放下「想像是假的、不真實的」這個想法，允許自己好奇和體驗，像是做實驗一樣去驗證，看看這麼做會有什麼樣的內在變化？

「期待是不可能達成的」

如果你認為期待不可能達成（或發生），所以這種想像是自我欺騙。這其實也很吊詭。如果你已經認為這個期待不可能達成，可是卻仍擁有這樣的期待而不肯放下，那不是很受苦嗎？這就形成了困境。

如果是這樣，我們有幾個選擇：

一是承認並放下不可能達成的期待，雖然會產生很大的失落感、很多的悲傷。你可以接納並陪伴這樣的悲傷，或者，悲傷引發你強烈的不甘心而難以放下，那可以回溯自己幼年的經驗，若找到相關的事件或是情境，可以運用「和幼年的自己對話」（練習5）的方式去處理和轉化。

二是調整自己的期待，讓它符合現實情況，再根據這個期待來進入自己的渴望。這樣，就不會有「期待是不可能達成的」的想法阻礙、干擾我們了。

三是，就算是「不合理、不現實的期待」仍然可以幫助我們進入渴望，因為我們的重點是**「體驗渴望」，期待能不能達成、符不符合現實並不重要！**我有個比喻是體驗之後，就可以「過河拆橋」了。過河到對岸，就是「體驗渴望」，橋就是「期待」，一過了河，橋就沒那麼重要了，所以我們可以「先過橋，之後再選擇其他的橋」，因為可以過河的也不只原來這一座橋呀！就像「條條大路通羅馬」的羅馬是渴望，而條條大路就是各種不同的期待。

「我不值得」

「你值得嗎？你值得被愛嗎？你值得擁有幸福和美好的體驗嗎？」這些問題需要很真誠的問自己，如果你的答案是否定的，或讓你猶豫的話，那麼，你要如何努力才能被愛呢？你做得到嗎？如果有人說「愛你」，你會相信自己嗎？你會相信他嗎？你可能會想，他／她可能愛的不是你，而是你的財富、地位、外貌、人脈、關係……，然後持續不斷地懷疑和測試，最後可能如你所願──他／她離開了，不再愛你了。於是你得到了驗證：他不是真正的愛你，並從心底深處相信：你真的不值得被愛！。

所以，這個部分不僅要優先處理（愛自己才能愛別人，也才能被愛），通常也和原生家庭有關。如果你找到影響你的相關事件，例

如：過去女性常會遇到「重男輕女」的傳統觀念，而覺得自己的出生是不被期待的，很容易就會覺得自己不值得。這時，可以運用「和幼年自己的對話」（練習5）的方式來轉化這樣的經驗。

這裡舉一個比較特殊的例子。有位女士在體驗從期待進入渴望時，覺察到自己的不值得。經過她對自己的探索，發現小時候從親戚那邊聽到母親產下她之後，父親沒有去醫院探望過母親和她，只因為母親生的不是兒子。親戚又說，她的母親從那時候開始，就被婆家瞧不起，從此過得很辛苦。

你可以想像，當年這位小女孩接收到這些訊息，會對自己的存在價值產生多麼大的質疑？她很容易會認為自己不該出生，讓母親受苦是她的錯！在這樣的情況下，怎麼可能會認為自己值得擁有幸福和美好的渴望呢？從這個故事也可以看到，雖然是獨特的個人經驗，但背後有著傳統社會「重男輕女」的價值觀，深深的影響許多女性朋友對自己存在價值的質疑。

但幸運的是，透過從期待進入渴望的過程中，如果發覺了埋藏在心裡深處的自我否定，進行「和幼年自己的對話」去轉化自我否定的痛苦經驗，而可以重新出發。

• • •

就如同我之前所說，當你明白和體驗到自己真正想要的是什麼，當你可以從期待進入到渴望時，不僅會感覺到自己未來的方向清晰了，也可能會感覺到放鬆和平靜，更重要的是，會有更多的內在力量

與希望感。

　　如果在進入渴望的體驗時感覺困難，或是進不去，那是沒有關係的，因為從這樣**看似挫折的經驗中，會發現你生命中重要的訊息**。上述三個阻礙你從期待到渴望的觀點，就是很好的切入點，讓你從挫折或阻礙中更加的認識自己，並且找到方法從中獲得學習和改變，寫到這裡，讓我充滿著感激之情，因為薩提爾模式總是讓我們充滿著希望，以及正向的可能性。

18

看見生命力，轉化關係

幾年前，在工作坊講解完冰山之後，我邀請一位學習夥伴作為主角上臺演練。主角阿美本身是一位社會工作者，也是一位母親。

透過這個演練，可以看見運用「冰山探索」與「和幼年的自己對話」的綜合運用，若是讀者獨自走冰山，可以將「幼年自己」的部份，用「想像他站在冰山卡另一側」的形式進行。同樣的，也可以將事件中的重要關係人，想像他站在對面，用表達的形式說出自己的內在歷程，尤其是「感受」、「觀點」、「期待」，這樣也會有助於提升一致性表達的能力。

「媽媽，妳愛不愛我？」

我：（對阿美說）我們來試試看。把冰山的八個層次放在地板上，按照這個順序走冰山。如果自己有感覺，妳就自己走。但如果有需要，我會在旁邊引導妳。（對所有學員說）因為冰山是內在歷程，為了讓它可以被看見，我們就用這個方式來代表阿美的內在狀態。

我：（對阿美說）妳可不可以先找一個「小」事件，好嗎？因為

剛學冰山，不要去找一個生命中重大議題來走冰山。如果一開始就用重大議題，妳容易被卡住，既不能解決問題又增加挫折感，以後可能就不想再碰冰山了。所以剛開始，先用一個比較小的議題、生活上妳很在意的事情。隨便想一個，妳現在仍很在意的一個生活小事件。

阿美：我很在意我女兒每天問我：「媽媽，妳愛不愛我？」

我：好，就用這一個例子好嗎？好，那妳告訴我，當妳聽到女兒問妳這個問題時，妳是怎麼反應的？妳的行為是什麼？

阿美：我的行為是……我跟她說：「我當然很愛妳啊！」（阿美呵呵的笑）

我：呵呵，妳自己在笑了！

阿美：我覺得口氣怪怪的。呵呵呵……

我：好，往下走一步（到「溝通姿態」層次），很好！妳給了一個非常好的例子（阿美仍呵呵笑不停），妳覺得妳的姿態是？

阿美：就是……（摸著自己的腹部），我會想說，怎麼會懷疑我不愛妳，妳怎麼會懷疑我……？我的觀點就是，我不太能夠接受我女兒懷疑我不愛她。

一開始，演練冰山的歷程預計是一層一層往下走。但在詢問「溝通姿態」的時候，阿美連結到了「觀點」，我決定跟隨她的歷程，也順勢往「期待」方向引導與澄清，協助她體驗「渴望」（如圖 3-5）。

我：妳這跳到「觀點」了，如果再往下走（到「期待」層次），妳期待妳女兒怎樣？如果妳女兒……不可以懷疑妳的愛，那妳期待她怎麼樣？

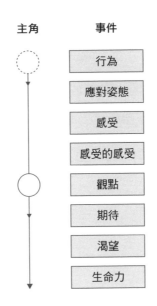

主角　　　　　事件

| 行為 |
| 應對姿態 |
| 感受 |
| 感受的感受 |
| 觀點 |
| 期待 |
| 渴望 |
| 生命力 |

圖3-5　此為俯視圖，圓圈代表站立的人，箭頭代表人面向的方向

阿美：我期待她能夠知道我很愛她。

我：喔～妳期待她知道妳是愛她的？

阿美：我是很愛她的。

我：如果她真的知道妳是愛她的，那妳會有什麼感覺？妳想像一下，如果今天她告訴妳：『媽媽，我知道妳好愛我。』妳覺得那一刻妳會有什麼感覺？

我在引導阿美體驗「期待達成時」的深層感受，也就是體驗她的渴望。

阿美：我覺得我會很感動。

我：很感動……妳覺得感動？這個感受是「感動」。好，這個感受會連接到妳的「渴望」，那妳覺得妳內心的滿足感是什麼？那種感動滿足了妳什麼？

我想知道這個渴望更深的體驗，或是和什麼有關？

阿美：覺得我有能力，我覺得……我會覺得我是一個有能力給予的人。

我：有能力給出愛的媽媽，是嗎？（阿美：對！）所以妳這裡面又有個期待，是嗎？

阿美：不是渴望嗎？

我：本來是講渴望，可是從妳的描述裡，我聽到妳有一個期待，你們有聽到嗎？來，我問你們（對所有學員），你們能聽到她剛才期待什麼嗎？（眾說紛紜中）

阿美：……現在期待我是一個有能力給予愛的媽媽。

我：妳期待自己是一個好媽媽，是嗎？（阿美：對。）如果妳現在是一個好媽媽，妳女兒說：『媽媽，我知道妳好愛我。』那時妳感覺很感動，妳覺得「哇！我是一個有能力給予愛的媽媽！」……請問那一刻妳的心裡面什麼地方被滿足了？去感受心裡面比較深的地方……深呼吸……。

阿美：我覺得會讓我想到……我……我不想像我媽媽一樣不負責任，我終於可以顛覆那個……對！顛覆了那個角色。

在引導主角阿美更深入體驗自己的渴望時，卻很自然的連結到了

阿美的成長經驗，期待自己能顛覆媽媽的角色。很多朋友在接觸自己的渴望時，很容易回到過去期待未被滿足的經驗中。

我：是！妳如果顛覆了那個角色，對妳來說的意義是什麼？

阿美：因為我的愛，我的孩子可以在很幸福的情況之下成長。

我：是！妳顛覆了妳母親對待妳的方式，妳用不同的方式對待妳女兒。這對妳來說代表了什麼？有什麼重要性呢？它的意義是什麼？

阿美：不想讓她跟我一樣，辛苦的長大。

我：如果她可以不像妳那麼辛苦長大，對妳來說最重要的是什麼？如果她可以，可以帶著妳的愛長大，不像妳當年那樣……媽媽離開，然後妳有好多的失落、好多的難過，如果妳的女兒不必像那樣的話，妳會得到什麼感覺，最讓妳在意的是什麼？

阿美：我就不用這麼擔心她吃很多苦、過得不好。

從上述的回應中知道，阿美聚焦在對女兒的期待中：「她能幸福成長、不像我一樣辛苦長大、不用擔心她吃很多苦……」，背後共通的渴望是愛。

我：所以，妳的渴望是對女兒的愛，是嗎？（阿美點頭）……那妳現在可以把眼睛閉上，在心裡面感受一下妳對女兒的愛，妳好希望她快樂的成長，帶著一種被愛的感覺。然後，不會像妳這樣，在當年受到那麼多辛苦，慢慢掙扎著長大。妳對孩子有這樣的愛，好渴望她少受些苦。這一刻妳可以感覺到嗎？……這一刻妳感受到什麼？

阿美：覺得我對她要求好多喔……（阿美有些哽咽）

在愛的渴望中，覺察到平時對待女兒的方式。

我：所以妳現在有個觀點出來「我對孩子的要求好多」，是嗎？

阿美：對！我覺得……我永遠看不到她已經做得很棒，我……我看到是，她很努力在做，卻一直得不到我的認可……達不到我的要求的辛苦！

我：所以妳感受到她的辛苦，妳現在內在對她的心情是？

阿美：心疼，心疼她。

我：是的！妳很愛她，妳希望她過得快樂、成長得好……妳才發現妳好多時候沒有看到她的努力，感覺到心疼，是吧？

阿美：我覺得剛剛那當下，我那個內在的小女孩就會跑出來。

我：我剛剛看到了……。

進行到這裡，不得不欣賞阿美的覺察與開放，從覺察到「自己口氣怪怪的」、「不想像媽媽不負責任而顛覆媽媽的角色」、「對女兒要求好多」，一直到「內在的小女孩跑出來」……，這些覺察是在一個相當投入而流動的狀態浮現，加上她也願意開放的說出來，讓演練的歷程可以跟隨她內在的動力而更加深入。

此時，有學員出聲說不太了解，於是進入一段提問和說明的過程。通常，在演練的過程中，是以跟隨主角內在歷程不中斷為主，但是，某些時刻也需要讓其他課堂中的學員，明白整個過程正在發生些什麼，可以在其中有更多的學習。由於阿美很容易進出她自己的內在，於是，我也放心的向學員做一些說明。

當阿美跳到「觀點」，再從「觀點」澄清她一開始「對女兒的期

待」是「希望女兒知道媽媽愛她」，延伸出「對自己的期待」是「有能力給予愛的媽媽」，在接下來探索與體驗「渴望」的過程中，看見了前面「對女兒」和「對自己」的期待，都和當年受苦的小女孩有關，這就是薩提爾模式所說早年的「未滿足期待」，同時也是三代（阿嬤、媽媽、女兒）間影響力的傳遞。

阿美：……我一直，我一直到長大結婚以後，都很擔心自己沒有辦法當一個好媽媽，因為我從來沒有在媽媽那邊得到母愛，覺得自己很「空」，甚至不知道我能不能當一位好媽媽。

我：沒關係，來，妳現在呢，在同學裡找一位夥伴扮演「幼年的自己」，再找一個夥伴扮演妳女兒。

聽到阿美說「覺得自己很空」，就能更清楚的知道，她和女兒之間的關係，深受小時候（原生家庭）經驗的影響，讓她覺得自己無法全心愛女兒。這個影響力是相當關鍵的，為了讓阿美有更多的探索、體驗和轉化，由她邀請在場的其他學員扮演「女兒」和「幼年的自己」進行對話，來協助這個過程，也能讓其他學員透過具體的互動更加了解其內在歷程。

我：好，來！「女兒」站在這裡，站在「期待」卡的右邊，面對阿美，請把角色的牌子夾在身上。阿美妳站在那裡，站在「期待」卡的左邊，和「女兒」面對面。……現在面對妳的「女兒」，妳期待她怎麼樣？妳告訴她。或者妳期待妳自己怎麼樣，把妳剛剛的期待，用妳自己的方式去告訴妳「女兒」。（如下頁圖3-6）

阿美：……○○（女兒小名），因為媽媽小時候……（阿美情緒上來……，「女兒」扮演者的情緒也被引動，有些難以面對……阿美一時說不出話來。）

我：（對「女兒」的扮演者說）撐住！撐住！撐住的意思是說，妳可以掉眼淚、但深呼吸，陪著自己在情緒裡面是OK的，但妳現在是「女兒」的身分……。

阿美：○○（女兒小名），因為……媽媽小時候，外婆沒有辦法好好照顧我，她到很遠的地方去。我一直都沒被媽媽好好的照顧，可是我結了婚，把妳生下來，我一直在努力做一個……能夠把妳照顧好的媽媽。……我不想要妳很辛苦，我不想讓妳覺得我不愛妳，其

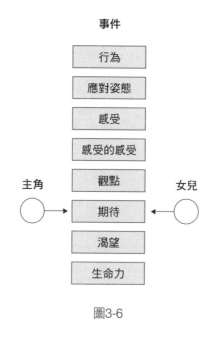

圖3-6

實我真的很愛妳，我想讓妳知道。（「女兒」扮演者一直在落淚）

  我：……很好！當妳這麼說的時候，妳（阿美）已經往渴望的方向走一步，妳（「女兒」扮演者）也往這邊走一步（倆人都走到「渴望」層面，如圖3-7）。本來是在期待，可是在剛剛敘述的過程中，妳已經給出妳跟她情感上的連結。妳很愛她，是吧？（「女兒」扮演者伸手替阿美擦淚，阿美帶著淚水笑了！）

  我：告訴妳女兒「我很愛妳」！

  阿美：我很愛你。（「女兒」扮演者小聲、自發的回應：我也是！）

  我：所以妳可以告訴妳女兒，妳真的很愛她，是嗎？……妳平

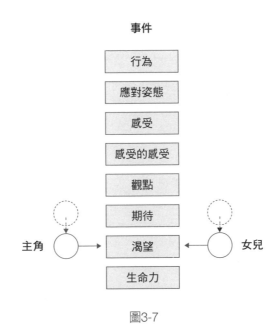

圖3-7

時有沒有常常這樣說？

　　阿美：很表面……就是……很應付。

　　我：很表面，也很應付？什麼意思？

　　阿美：……有些時候她來跟我說話的時候，都是可能我很煩或狀況不太好的時候，她會隨時隨地說：「媽媽，我好愛妳，那妳愛不愛我？」我覺得有時那個Timing（時機）不對……。

　　我：好，沒關係，那你就深呼吸……，讓自己進到像剛剛那種狀態，妳覺得有沒有可能，下次練習讓自己在生活中，如果妳的狀態比較浮動，但那時候女兒可能需要、她希望得到妳的愛，那時候可不可能讓自己深呼吸，像今天一樣，進到妳內在的渴望層面。妳想到妳對女兒的愛，背後有一個小時候的自己（請「幼年的自己」扮演者站在「女兒」後面，如圖3-8）。**有時候妳的悲傷，不是對於女兒的，而是妳對後面那個「幼年的自己」**，她像是個影子躲在女兒後面，我覺得妳把這兩個分開以後會更清晰。

　　阿美：我覺得她們兩個是……她們很常出來做比較。

　　我：妳告訴我她們在比什麼，是比誰比較被愛？

　　阿美：就是誰比較幸福。……我每次唸完她（女兒）之後，自己很清楚知道，其實我是嫉妒她現在的狀態，我覺得我給她那麼多東西，她怎麼還不滿足？可是，其實我知道那個嫉妒，是出於那個小的、後面的那位（幼年的自己）……

　　我：喔！好，告訴她……告訴妳「女兒」說：「妳已經夠幸福了！」按照妳真實的心聲告訴她。（此刻阿美抿嘴、浮現難過的表情，身體和手都一直在動……）

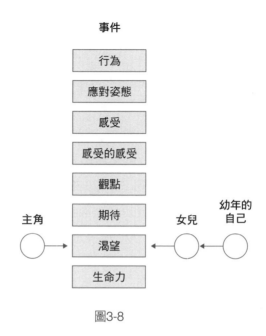

圖3-8

阿美：我不想再讓她知道我很苦……

我：我沒有要妳跟真正的女兒說。

阿美：……可是，這樣子……我覺得我會說不出來……。

我：OK，那我們換個方向，我們把「幼年的自己」移出來，請妳（「幼年的自己」扮演者）站到「生命力」層面（我調整「幼年的自己」和「女兒」的位置，讓她們並排面對主角，如下頁圖3-9）。剛剛呢，她（幼年的自己）躲在後面，所以妳愛女兒的時候，有時候甚至不想給女兒那麼多愛、不想擁抱她，是因為像妳說的，妳好像嫉妒，因為那個更後面的人（幼年的自己）沒有被愛到，是嗎？

阿美：對！

我：好！現在我們來到「生命力」（層面）。（請阿美往右一步）現在真實的去面對自己，妳告訴她妳愛不愛她？（阿美閉眼沉默中）

　　我：這是妳女兒，這是妳自己、小時候的妳（阿美深呼吸，在穩定自己……）。就像妳給女兒的愛，是嗎？我相信雖然妳會嫉妒，但妳給予女兒愛的時候是真心的。知道為什麼嗎？因為她（幼年的自己）可能覺得她沒有被愛（阿美連連點頭）。所以要不要……我們現在，我們就真的給她！好嗎？（阿美點頭）妳告訴她：「我真的愛妳。」……慢慢來，深呼吸……這一刻對妳來說很重要，去體驗妳自己……。妳已經知道怎麼做媽媽了，妳可以知道怎麼愛自己。妳想說什麼，告訴小時候的妳。

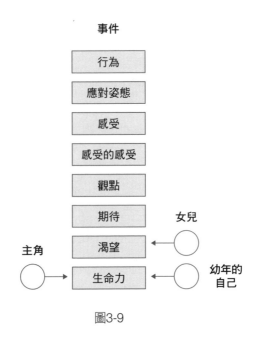

圖3-9

阿美：我有看到，小時候的妳很……小時候的妳很棒。我覺得……我很想說我……我很愛妳。可是我不知道為什麼，我還是有點懷疑……我有點懷疑，我好像沒有辦法這麼全然的愛妳。

我：妳可以告訴她，妳懷疑什麼？如果妳用愛妳女兒的那種方式來愛妳自己，妳覺得妳懷疑自己什麼？

阿美：我會懷疑自己值不值得被愛？

我：OK，很好。那妳告訴我，妳覺得妳值不值得被愛，妳現在可以做個決定。妳想想看，妳值不值得被愛？走過那麼多年、這麼多困難……。可能媽媽當年她離開，看起來好像她不愛妳，有時妳會拿著這個經歷來懷疑自己，是嗎？可是妳知道，那是媽媽的事情、媽媽的困難——昨天妳告訴我們的，不是嗎？……如果妳帶著這樣的理解。妳覺得……妳值不值得被愛呢？

阿美：我剛剛有東西跑出來了。

我：妳說！

阿美：因為我阿嬤和姑姑她們跟我住在一起，她從小就說我是一個壞種。我覺得……我一直覺得我自己就是很……很不好。我常常處於「我很不好，但是我想要努力變好」的狀況，一直在……一直在來回跑，所以我覺得那個狀態會讓我懷疑自己，是不是真的能夠變好。所以我……我在國中的時候，我其實很想……我也很想要出去當太妹，打架、鬧事，證明我真的不好，可是我努力的把自己擺在一個「功課很好，老師很喜歡我也認同我」的角色……我一直在拉扯！然後，我覺得那也是我人生當中，一個很大的……鬆綁！

我：是！我同意。沒錯！我真的很欣賞妳，在那個過程中，妳沒

有讓自己掉下去，是嗎？（阿美點頭）……妳覺得那時候的妳值得欣賞嗎？（阿美點頭）……妳告訴她（「幼年的自己」的扮演者），我很欣賞妳當初沒有因為阿嬤她們的話，而真的讓自己變成太妹，妳撐住了！選擇讓自己更好。大概的意思是這樣，妳告訴她。妳不需要用我的話，可以用自己的話表達，好嗎？

阿美：……我很欣賞妳，雖然那時候阿嬤她們都覺得妳……妳不好，可能會像媽媽一樣，甚至阻止妳讀書，不想讓妳上高中，可是妳還是很清楚知道妳要的是什麼，妳努力的不讓自己成為她們想像中的樣子，所以妳成績保持得很好，然後老師也很喜歡妳（我：是！），也把妳妹照顧得很好。所以……這些其實是讓我很欣賞、也覺得自己很棒的地方（我：是！）……對，雖然過程真的很辛苦。

我：是，她很辛苦，可是，我剛剛聽妳在說，發現這個小時候的妳，有一個非常強韌的生命力，是嗎？（阿美點頭）當時妳很強韌，妳阿嬤都沒有辦法讓妳屈服。妳告訴她，我好欣賞妳強韌的生命力，面對那麼多困難，妳還是選擇把持住自己，好好長大。

阿美：我很欣賞妳，即使阿嬤反對妳繼續念書，妳還是堅決一個人到花蓮讀書，然後在花蓮有所發展，讓自己可以……變得更好。

我：所以妳很欣賞她的生命力，也謝謝她這麼多年的堅持，是嗎？（阿美：對！）那這一刻妳可不可以愛妳自己，那麼、那麼棒的自己，那麼有強韌生命力的自己？可以嗎？（阿美：可以！）可以全心的愛她嗎？（阿美頻頻點頭：可以！）不管她做得如何，妳都可以愛她嗎？（阿美點頭：可以！）好，妳告訴她！

阿美：……直到這一刻，我才發現妳那麼棒，妳是這麼值得被

欣賞（我：是！），妳很值得……我要好好的愛妳（阿美哭泣）。

我：我也好欣賞妳這樣，妳知道嗎？這一刻她不只是小時候的妳了，現在她的狀態就是妳的生命力，是嗎？（阿美點頭）妳內在有一個那麼強韌的生命力、一個這麼美好的生命力，如果妳跟她連接的時候，妳們兩個（阿美和她的生命力）二合一，妳會變成更好的人——妳已經很好了，但是這樣的「整合」讓你更好。……過去妳沒連接的時候，她躲在（「女兒」）後面一直要愛，可是妳覺得好像不能給她。但那個「不能給」，是來自於阿嬤、媽媽以前的行為，讓妳認為妳不該有，是嗎？（阿美點頭）可是現在妳知道妳是好的，所以這一刻可不可以更確認一點，妳可不可以承諾妳自己，「從今以後，我會真正跟妳（生命力）有連結，常常記得跟妳在一起」，看看妳是否可以承諾自己的「生命力」？承諾妳自己？告訴她、告訴妳自己的「生命力」，她之前是用「幼年的自己」的形象，現在她成為妳內在很重要的生命力。（我請小組老師再加一個「生命力」的牌子，並夾在「幼年的自己」上面。）這是很重要的時刻。她不再是那個一直需索愛，卻得不到愛的可憐小女孩，是嗎？（阿美點頭）她其實是一個非常強韌的生命力。

阿美：這一刻我才發現，**過去的辛苦都成為我生命當中很重要的成長養分**。然後，我看到這樣的生命力，可以讓自己的未來越來越好。我現在很感動……很感動自己走到現在這裡。

我：這是一件非常值得慶賀的事情！

阿美：我想要抱她（指對面的「生命力」）！

我：OK！（阿美抱著「生命力」痛哭……）好好的享受這一

刻，慢慢來！……感受擁抱著自己、擁抱著自己的生命力。好好的享受這一刻，一直到妳覺得夠了為止。而且請妳把這個感覺記在妳心裡……深深放進妳心裡……妳知道，其實妳的生命力時時刻刻都跟妳在一起，只是有時候我們會忘記。這一刻妳跟她連接，妳在心裡要常常提醒自己……讓這個感覺成為妳很重要的一個標記、一個印記。

阿美：……謝謝妳（「生命力」）！……謝謝妳，也謝謝我自己。

我：好，很棒，來！妳（對「幼年的自己」扮演者說）現在用「生命力」的角度，來告訴妳的主人，妳有沒有什麼話想跟自己的主人說？……妳待在她內心裡，之前好像被晾了很久，可是在這一刻她承認了妳，而且她要跟妳聯結。……妳有什麼話想跟主人說？

「幼年的自己」扮演者：我看到妳變成現在這個樣子，真的很開心，因為妳跨越了自己的情緒，然後找到真正的自己，我覺得非常、非常棒！

我（問「幼年的自己」扮演者）：妳內心有沒有什麼感覺？（扮演者詢問：是問我自己嗎？）對，妳在這個角色裡面，內心也會感覺到一些東西。

「幼年的自己」扮演者：我覺得……我覺得生命是很美好，而且是很豐富的，而且可以更有力量。（阿美點頭）

阿美：我有感受到那個力量！

我：是，沒錯，當妳們兩個在一起時，那個力量比一加一還要大。……來，妳們調整一下位置。（這時，我請阿美從「生命力」的位置往左走一步，移往「渴望」層面，面對「女兒」。「生命力」則從對面移到阿美旁邊，站在阿美的右側，一起面對著「女兒」，如圖

3-10。）

我：她（「生命力」）跟妳連結在一起。現在對妳女兒說話，妳可以帶著這個生命力，帶著妳內心的那個小女孩，重新告訴妳女兒：「妳愛她。」

阿美：○○，雖然媽媽過去有很多辛苦的成長歷程，可是我知道，那讓我可以學習如何成為一個更好的媽媽，我也很努力的照顧好我自己，雖然我有時候工作很忙，有時候可能會不耐煩。……嗯，我只是想跟妳講，不管發生什麼事，雖然有時候我可能會生氣、我可

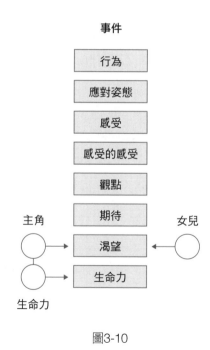

圖3-10

能會罵妳，但是並不表示我不愛妳，我是真的很愛妳！

我：講完之後感覺怎麼樣？

阿美：很舒服。

我：好，妳的感受變得很舒服。「女兒」有沒有什麼話要對媽媽說？用妳自己在這個角色裡面感覺到的去表達就可以。

「女兒」扮演者：我不希望妳那麼辛苦，不需要為了愛我，而犧牲自己任何事情。妳是我媽媽，不管妳是什麼樣子，我都愛妳……就這樣。

我：是，作為一個女兒可能心裡面這樣想，但嘴巴不一定會說。……好，如果我們冰山走到這邊，在這邊暫停可以嗎？

阿美：（深吸一口氣、放鬆的吐出來）可以！

我：可以，好。一開始是女兒對妳說了一句話（阿美、我和大家一起笑），只不過這一句話……

阿美：（笑）她常常在說這句話！

我：好好好，……OK，剛剛妳已經用一個很不同的方式去回應她，是吧？（阿美：對！）妳可以帶著剛剛這些感覺，尤其是跟妳自己連接的時候，妳就更可以在渴望層面上跟女兒連接。有沒有發現這樣和女兒的連接很不同駒！

阿美：我覺得之前是很應付的回答她，其實自己都很懷疑。可是我覺得……現在、此刻，我覺得我是很堅定的。對，因為那個力量是不一樣的！

我：這樣真好！謝謝妳的呈現！

阿美：謝謝！

隨後請兩位扮演者卸角，留下適合自己的體驗和學習，將不適合自己的情感或情緒放下，並在心裡面確認自己是誰，把身上掛的角色牌子交給阿美。

回顧歷程

從一件很小的生活事件，常出現的一句話「媽媽，妳愛不愛我？」，看見自己的觀點、看見對女兒、對自己以及早年未滿足的期待，從愛的渴望中，帶出三代之間的愛與失落。

在生命的重要歷程中，如何看見成長中的自己，看見生命力在其中展現，是至關重要的。因為這樣，就能體驗到愛在裡面流動著，領悟自己本來就擁有給予愛的能力——即使未曾得到足夠的母愛。

◐ 和主角的合作

這個走冰山的演練歷程，並沒有按照特定順序。當然，剛開始學習冰山時，最好是按著音階 Do、Re、Mi、Fa、Sol、La、Si、Do，然後 Do、Si、La、Sol、Fa、Mi、Re、Do 來練習，而這次其實更接近阿美和我合奏一首獨特的曲目，她負責覺察與面對自己真實的內在狀態，而我跟隨她在冰山架構上走來走去，同時引導她朝向一個重要的方向前進。

◐ 透過冰山架構釐清內在歷程

事實上，我們的內在時時刻刻都發生許多複雜的變化，但腦袋能

意識到的很有限，語言能表達出來的更少。但因為有冰山的架構，彷彿就像是一張網，讓內在那麼多的複雜狀態，可以被撈出來，有時撈到感受、有時撈到觀點，就像是找到一個線頭，可以循著撈到的部份，繼續連結、撈出其他的部份，像是本次案例中，連結觀點、釐清自己的「期待」等等。

♦ 走冰山的重要方向

在探索冰山的內在歷程裡，雖然可能會呈現出紛雜的狀態，但冰山不論怎麼走，不管是走到觀點、還是感受，只要能承認它、好奇它、和它們同在，會比較容易慢慢地釐清期待、接觸渴望。一個重要方向是，一定要體驗到「渴望」、一定要記得看重與欣賞自己、連結到「生命力」。因為如果不這麼做，冰山的其他層面很難鬆動、很難改變。就像阿美那樣，由於看見自己成長歷程中的生命韌力，和「幼年的自己」對話，而變得更完整、更有力量。我們每一個人都可以透過學習和練習，慢慢地接觸、體驗與轉化自己的內在歷程。

♦ 一致性表達

當內心連結著「渴望」與「生命力」之後，就可以像阿美最後對女兒說的話，回到「行為」層面，進行一致性表達的練習。並且回到生活中，帶著這樣的狀態和女兒說話，甚至可能摟著女兒或是拍拍女兒，不一定要說什麼，內容不是那麼重要，但是「能量狀態」很重要，因為在那樣的狀態所說與所做的，八九不離十，會很接近一致性的互動，讓彼此更靠近、在愛中連結。

謝謝老師的逐字稿，把我帶回練習冰山的回憶和澎湃的情緒。老實說，前天第一次回顧時，眼淚隨著情緒流個不停，看到最後，情緒是很澎湃、很難平靜的，所以給自己一些沉澱的時間。今天再一次細細回顧，情緒已然平靜許多，伴隨更多的是欣賞自己的生命力，感謝過去內在小女孩的不容易，才成就現在保有堅毅力量面對一切、很棒的自己。

其實上完課當晚，我就在家裡抱著我的女兒（當時十二歲），我告訴她，我想要分享我這二天去上課的想法，和我想說的一些話：

「雖然我小時候因為外婆不在身邊照顧我，我其實不知道要怎麼當一位好媽媽，而且我小時候有很多辛苦成長的過程，但是在生下妳之後，我就一直在努力學習成為一位好媽媽。雖然我有時候工作很忙，有時候可能會不耐煩，也會有對妳生氣、發脾氣的時候，但不管發生什麼事，我都想跟妳說：我真的很愛妳，我也需要時間繼續學習，成為一個讓妳知道我很愛妳的媽媽。」

話一說完，我們母女倆抱在一起哭了。我感受到女兒理解了我過去的辛苦和我持續的努力，我也充分讓女兒知道我是真的愛她的，那一刻的交心持續到現在，我們真的越來越理解彼此，而且關係更加親密了。

當然，現實生活仍有我持續在覺察和學習的地方，如：我仍不太

習慣女兒經常要親密擁抱和撒嬌的動作，因為我從來沒有被媽媽親密擁抱過的感覺（這也是服務過的家長跟我分享後，讓我反思自己在肢體接觸上的不自在），但至少我是有意識的，我知道這是我過去未曾經歷的限制，我會在自己可以做的親密回應範圍內，跟女兒保持良好的互動。

PART

4

擁有資源，整合自己

在薩提爾模式的眼光中，以及我個人的學習和體
會，每個成年人的內在所有一切，不論好壞，都
有它存在的原因，也都可以看成是我們的資源。
如果我們懂得將這些資源重新加以梳理、調整、
轉化、整合，就能成為一個主導自己人生、更加
完整的人。

19

四個自我提問
——學習地圖

睡不著的女性

　　一位四十多歲的女士，有伴侶及兩個子女，也有一份記帳的工作。這兩、三年來，晚上超過十一點還沒睡時，就容易肚子餓，吃了會比較好睡一些，但也擔心這樣對身體不好。然而，如果不吃的話，會越來越餓，因此而睡不著，她對此感到相當困擾。這一年多來想要自我成長，透過演講、看書，以及參加一些工作坊，有了一些進展，會透過冥想的方法讓自己比較好睡，她希望有更多進展，但一時不知從何處開始著手。

　　她回想平時處理好孩子，等他們入睡之後，自己再去洗澡、收拾東西，常常就超過了十一點，這時會越來越餓，而且丈夫出差不在時，孤獨、焦慮的感覺會更加明顯。即使吃了宵夜以後，仍會焦慮自己睡不著。

　　她記得之前某次上工作坊時，有提到學習地圖的四個提問，或許

可以用這樣的架構來探索自己，於是她找到一個空檔，在自己的房間裡，比較不會受到其他家人的干擾，就開始問自己：

◆ 我真正想要的是什麼？

她先想到的是，希望自己能好好的睡覺。那麼，如果能好好的睡覺，可以得到什麼呢？……身體會比較健康、有精神，不影響隔天的工作。然後呢？又會得到什麼？……會讓自己精力充沛、情緒穩定，和孩子的關係也會更好……然後呢？就會感覺到開心、放鬆。

她試著感覺自己的開心、放鬆，但是因為心裡一直覺得緊繃、沉重，感覺不到。於是想，自己還想要什麼呢？……腦海中浮現了「想要自己有價值」。此刻，她落下淚來，想到自己放棄了可以一展長才的機會，選擇一個穩定的工作，以便更能照顧好孩子，但卻覺得自己什麼都沒有做好，工作、照顧孩子都不如己意……，對自己有好多的責備，覺得自己很糟糕。

在這樣低沉的氣氛中，停留了好一陣子，才忽然覺察到自己陷入了自責和自憐的情緒中，於是她回神過來，接納此刻的負向情緒，繼續陪著自己，問自己想要什麼？歸納一下前面的探索，自己想要有價值，這樣也才能開心、放鬆、自在。再一次的，她想像自己可以做好工作、照顧好孩子，讓自己有價值，才能感覺到開心和放鬆。她很認真的嘗試體驗，但仍然沒有太多的感覺，有些氣餒。

雖然知道自己想要的是什麼，但是無法有比較明顯的體驗，這和自己過去容易隔絕自己感受的習慣有關，也和最近這段時間和先生有不愉快，使得情緒比較低落有關。但是，她此刻提醒自己，選擇繼續

去體驗自己想要什麼，而不是像剛剛那樣，再度陷入「問題」的泥淖裡。於是，她想像了一個快樂的場景：她可以出去走走，而先生留在家裡照顧孩子。這時，她感覺到比較開心、放鬆，覺得可以照顧好自己，也因而覺得自己比較有價值。

但是，很快的心中就出現了「我一直沒有價值」的想法，讓她無法停留在感受自己開心、放鬆、有價值的狀態。於是，她決定再往下問自己：

♦ 是什麼阻礙了我？

是什麼讓她無法停留在美好的體驗中呢？情緒隔絕的習慣、情緒低落的狀態、一直浮現出「我沒有價值」的感覺……好像都在阻礙她停留在體驗中。她過去學習過冰山（內在歷程）的探索，但因為仍不熟悉，常會在探索的過程中卡住，或是習慣性的沒有感覺，因此沒有信心自己能否使用冰山的探索和轉化。

但是，她直覺認為「沒有價值」的感覺是很核心的部分，因為感覺到沒有價值，才會更容易情緒低落，也更容易將她從美好的體驗中拉出來。原本她認為自己沒有價值是因為自己什麼事都做不好，工作、照顧孩子都沒有做好，但顯然這樣的感覺不僅僅出現在這些事情做不好之後，其實是一直存在的感覺……。於是，她順著這個想法繼續問自己：

♦ 這阻礙是從哪裡學來的？同時又伴隨著什麼資源？

「我的沒有價值感，是從哪時候開始的呢？」她想了一下，記

得自己七歲時，媽媽生了弟弟，就一直說她不好、不認真，尤其是九歲那年，她印象很深刻，常被媽媽責備不照顧弟弟、不幫忙做家事……。她心生反抗，也決定把感受隔絕起來。表面上是抗拒媽媽，但是，作為一個小女孩的她，在內心深處也似乎認同了媽媽的眼光，覺得自己很不好。

於是，她再一次用了「和幼年的自己對話」，找出九歲時被媽媽責備的小女孩，在想像中看著她，並且告訴小女孩：

「我看到妳，覺得妳很可憐，因為媽媽都只會責備妳，不關心妳……」

「我很心疼妳，妳總是一個人、很孤單，沒有人支持妳、喜歡妳……」

「我長大了，現在比當年的妳有更多的學習和能力了，我願意回來陪伴妳！支持妳！……」她在說的時候，感覺並沒有太真實，可能只有一半真實感，但這對於過去習慣隔離自己感覺的她而言，已經是非常大的進展了！

「我會在妳孤單的時候陪伴妳，在妳肚子餓的時候，衡量情況去煮宵夜給妳吃，或是請妳忍耐一下，我陪著妳早早去睡覺。」

這時在想像中去抱抱這個小女孩，她拿了一個抱枕作為象徵，緊緊的將她擁在懷裡，用身體去感受和小女孩的連結。

此刻再次看著小女孩時，心中多了一份憐惜的感覺，於是她說：

「我欣賞妳當年的堅持！也喜歡妳的善良和堅強。」

「謝謝妳一直努力、堅持、不放棄，才讓我走到今天。」

此刻，她覺得自己舒服和放鬆了許多，時間也差不多，準備要結

束了，於是問自己：

♦ 我可以做什麼樣的改變？可以承諾自己什麼？

當上述的自我轉化過程告一段落之後，感受自己此刻的狀態（一到十分），以直覺評估，她的生命能量從三分上升到六分。她知道這只是其中一次的練習，後續將會再找適當時機往前推進，看看和自己的連結是否可以更有正向的體驗。

她承諾自己，要常常記得連結、陪伴自己的內在，尤其是出現負向情緒的時候。每當照顧完孩子時，就會找時間來抱抱孤單的自己。睡覺時，也會想像去陪著幼年的自己安心休息。

. . .

上述的主角按照四個提問的架構，走了一趟探索和轉化自己的過程。一開始，她從「長期以來太晚睡時，會肚子餓、睡不着的困擾」切入，作為一個和自己工作的起點。

在探索自己想要什麼時，她清楚自己想要開心、放鬆，但嘗試去體驗這種感覺時，不是沒有感覺，就是容易陷入負向的情緒。在幾次的嘗試過程中，發現自己「一直沒有價值」的感覺，就是讓她很難體驗開心和放鬆的主要阻礙。於是，她自問這阻礙從何而來，回想到幼年重要的經驗，家裡有了弟弟，媽媽對她有更多的要求和責備，讓她覺得自己不重要、總是做不好，這樣的情緒經驗潛伏在主角內心，可能睡前生理上的飢餓感，以及自我評價做得不夠好的感覺，讓她產生

孤獨、焦慮的情緒，而難以入眠。透過和幼年自己的對話，開始初步的轉化了這樣的感受，之後持續的練習是很重要的，我很欣賞她給了自己這樣的承諾。

接下來，我會比較仔細的解釋這四個提問所建構的學習地圖，重要的是，不是要按照步驟或套路來進行自我探索與轉化，而是有一個參考的方向，讓我們可以運用所學的方法，而不致於失去方向感。

探索自己的學習旅程

在我所帶領的工作坊中，都會邀請學習薩提爾模式的夥伴，為自己制定「學習地圖」。

什麼是「學習地圖」？這是一個學習的架構。不只在參加工作坊的期間，可以做這樣的自我提問，其實任何時間都適用——無論是三到五天的工作坊、某段時間的學習過程，或是一個你想要面對與解決的問題或困難，也可以是在生命歷程當中對自己的經常提問！

甚至對薩提爾模式的助人者來說，學習地圖都是一個很好的架構，它可以幫助我們瞭解所服務的對象（案主、來訪者）目前處在什麼樣的狀態之中。

在學習與成長的歷程中，你是自己的主人，你可以決定要去哪裡？你可以決定要怎麼走？要走得多快或多慢？這裡並沒有標準答案，也不需要和他人比較，有的只是貼近與**接納自己的真實現狀**，願意看重自己、願意為自己選擇想要探索與學習的旅程。所以，你可以把人生可以看成一個旅程，把這樣的學習也看成一個旅程，而學習地

圖是一個參考的指引、一個對你自己生命的提問！

　　學習地圖用**四個提問**來探索屬於你自己的學習旅程，在進入到薩提爾模式的學習之時，你可以在一開始時就問自己，在學習的過程之中，只要你覺得需要更釐清自己的現狀或是學習方向，就可以再問自己一次。這是很好的自我評估方式，但請你不需要有壓力、也不需要自責，而是透過這樣的提問更加的認識自己、對自己有更多的好奇。

　　之前第5章提到的「主動學習歷程」，和此次所談的「學習地圖」有些部分是重覆或重疊的，但是兩者各自運用在不同的情況下。「主動學習歷程」是只要你在任何時候有任何的覺察，不管是感受、觀點或是身體的部份，只要你有時間和心力，就可以啟動這樣的學習歷程；而「學習地圖」比較是針對你的長期議題或困擾，或是某個特定期間內（如：薩提爾模式工作坊的連續幾天期間）想要進行學習、改變和成長，就可以運用這四個提問作為架構或參考點，明白自己目前處在什麼樣的狀態裡，有利於在學習過程中找出比較清晰的方向。

　　學習地圖的四個主要提問是：

- **你真正想要的是什麼？**
- **是什麼阻礙了你（去得到你想要的）？**
- **阻礙是從哪裡學來的？同時又伴隨著什麼資源？**
- **你想要怎麼做？怎麼改變？對自己有何承諾？**

　　接下來是針對這四個提問提供更細的提問，你並不需要回答每個問題，這裡只是提供一些探索的可能性給你參考：

● 你真正想要的是什麼？

這個提問主要是想問你對於未來的想像是什麼？也就是薩提爾冰山隱喻中的「期待」和「渴望」。這第一個提問非常的重要，可以參考第16章的內容。

「你想要什麼」和你認為「你是誰」有關，在你的一生之中，你如何看自己？如果你覺得自己不重要、不值得、不夠好，那你就會不敢去要你真正想要的！或是，你覺得自己無足輕重，那你對於自己真正想要的想像也會受到限制。

問自己：「你這一生想要的是什麼？你要做什麼、如何做，才可以此生無憾呢？」請不要小看任何一個小小的願望，如果你認真探究，可能它和你此生想要怎麼活是有關聯的，所以，不妨問問自己，我想要的這個部分和我的人生有何關聯？

問自己：「你為何會想要進入薩提爾的學習？或是想要看這本書？你對於自己成長與學習的期待是什麼？」

回顧前面的案例，主角用比較簡要的過程，從半夜容易肚子餓、睡不著的情況，探索自己想要的是「睡得好，以便做好工作，照顧好孩子，讓自己有價值，也因而感覺到開心和放鬆」。

把剛剛的提問歸納一下，讓自己體驗從期待進入渴望：

● 剛剛那些問題，都是在探索你的期待。請試著探索你的期待，當你比較確定之後，就問問自己：如果達成這樣的期待，會發生什麼具體的事情？你的生活或生命會有何不同？最後，會得到什麼樣的滿足感？

- 描繪期待達成的圖像或具體的場景。（這很重要，具體化！）
- 允許你自己體驗性的進入或接觸你內心的渴望。

如果在進入渴望體驗的過程中，感覺到困難、進不去，那沒有關係，因為往往會從這個看似挫折的經驗中，發現你生命中重要的訊息，可以參照第17章。

案例主角在從期待進入渴望的過程中，三度遇到了困難：一開始想感覺自己的開心和放鬆，卻陷入自責。隨後，再一次體驗卻沒什麼感覺。最後，體驗到了一下下，就跳出「我一直沒有價值」的想法，而被拉出了原先美好的體驗。

♦ 是什麼阻礙了你（去達到你想要的）？

這個問題是跟著上一個提問的，針對你目前可能正在面對著難題、困境或挑戰的狀態。

但更重要的是，**它真的是讓你無法去你想要去的地方的阻礙嗎？**如果你的某些困擾並沒有阻礙你，你可以忽略它，直接付出你的行動或是努力，向自己想要的方向前進。

「什麼阻礙了你達到自己的期待？」阻礙會從外在的情境和他人，進入到自己的內在。例如孩子、伴侶、他人等等，沒有如你所願，讓你感覺到無法達成自己的期待，這是外在的條件，「這外在的情況如何衝擊你的內在呢？」這部份就是很重要的關鍵，因為你的內在被卡住了，你就無法行動，或是你會習慣性的反應，對事情沒有幫助或是更糟。

因此，好奇與探索自己的內在歷程（冰山），「我被什麼樣的感受、觀點或期待卡住了呢？」這部分可以回到第三部，尤其是第14章，因為探索自己內在的冰山，需要更細緻的學習。

在此同時，不要忘記關注、發現自己此刻就已經擁有的資源，薩提爾模式運用正向導向的態度，堅持相信與看重自己的生命力和自我價值感。

就案例主角而言，她的阻礙不是單純的**達到自己的期待**（想要睡得好，以便做好工作，照顧好孩子……）的阻礙，而是回到更前面、也是更核心的**體驗渴望**（認同自己是有價值的）的阻礙，也就是說，會有「我一直沒有價值」的想法冒出來。

♠ 阻礙是從哪裡學來的？同時又伴隨著什麼資源？

這是接著上一個問題的提問，「**從哪裡學來的**」是很妙的問法，它的前提是，**你所有的阻礙都是學來的**，既然是學來的，我們就可以學習新的，讓舊的習慣有機會被修正、被轉化而成為幫助你的資源。

這通常牽涉到成長經驗，尤其是原生家庭的經驗，包括：未滿足期待、早年的遺憾、決定與信念、家庭規條……等。「我從原生家庭或過去成長的經驗中，得到什麼樣的學習，因而形成現在的限制或困境？早年的遺憾是什麼？我當時做了什麼決定？我形成了何種信念或是家庭規條？」

同時，「我如何運用自己的資源撐到現在、活到今天、得到成就？我是否願意放下對父母與自己的**未滿足期待**，成為**第三度誕生**的大人？」以上每一個問題，都可能需要探索一陣子，所以不需要急著

回答，或是一下子要找出把所有提問的答案……另外，同樣的，從這些過去形成阻礙的事件中，你也會發現你的資源，你是如何活下來的？如何撐下來的？這都很重要，你若是看到這些求生存的資源，會使你的自我價值感升高、生命力提升，同時更加看重自己身上的資源，並能去善用它們！

如果找到阻礙從何處學來的，你就可以運用薩提爾的工具：冰山、和幼年的自己對話，轉化阻礙、形成資源。

主角發現她的阻礙（我一直沒有價值）和弟弟出生後經常被媽媽責備的狀態有關，於是運用「和幼年的自己對話」，轉化與修復自己幼年的情緒經驗，降低了對於成年自己的負向影響力。同時，看到自己過去的資源和能力：堅持、努力、不放棄、善良和堅強……，也因而更能認可自己，並能運用這些資源面對現在生活的挑戰。

● 你想要怎麼做？怎麼改變？對自己有何承諾？

在前三個提問，不管你探索及轉化到何種程度，都可以再一次的回到此時此刻，問自己：「我可以為自己做什麼？」這第四個提問的主要精神是：我願意為自己負責！

問自己：「經過前面三個步驟的探索、瞭解、體驗、轉化，我有什麼樣的學習與改變？」

「我對第一個問題的期待有什麼變化或調整？」

「我可以如何採取行動去達到自己的期待呢？」

再問自己：「可以如何改變？可以如何踐行？對於後續的行動，我對自己有何承諾？」

案例中，主角承諾自己，在肚子餓、睡不着等類似情況，而有焦慮、孤單等的負向情緒時，會記得連結、陪伴自己，多練習和幼年的自己對話。每當照顧完孩子時，就會找時間來擁抱孤單的自己。睡覺時，也會想像去陪著幼年的自己安心休息。

• • •

　　這四個提問可以簡潔的運用，也可以以這些提問為核心，發展出更多細緻的提問和探索，或是成為**和自己工作**的四個階段。

　　如果用**冰山探索**以及**和原生家庭關聯性**的角度來看這四個提問，第一個提問「你真正想要的是什麼？」的焦點是探索「期待」、體驗「渴望」並提升「生命力」。

　　第二個提問「是什麼阻礙了你？」是透過外在情境或事件的衝擊，探索自己內在的「感受」、「觀點」和「期待」，瞭解它們是如何交互作用而產生了內在的困境。

　　第三個提問「阻礙是從哪裡學來的？」則是透過上述提問找到卡住你的「感受」、「觀點」和「期待」之後，來回溯「原生家庭」和「成長經驗」對當前的影響，並予以轉化。

　　第四個提問「你想怎麼做／改變／承諾你自己？」則是回到此時此刻、面對真實情境、願意自我負責，刻意「練習」或採取「行動」來改變現狀，朝向自己想要或喜歡的方向前進。

1 你真正想要的是什麼？

被愛
幸福
有價值
有安全感
自由

2 是什麼阻礙了你？

家人
伴侶
自責
恐懼
經驗

3 阻礙是從哪裡學來的？
伴隨著哪些資源？

4 你想要怎麼做/改變？
你如何承諾自己？

20

探索家庭圖，連結自己

在探索自己的原生家庭圖時，除了如「原生家庭圖」（練習3），用地毯式搜索的方式去看家庭圖之外，也可以運用特定的個人議題、對自己特定的困惑，作為一個明確的方向去探索家庭圖，據此，可能會浮現出特定的覺察或訊息，讓我們更深入的認識自己。

如果想要透過主題式（特定議題或困惑）的角度去運用原生家庭圖，接下來的案例將提供這樣的探索方式，提供大家參考。

以下是一次我所帶領的家庭重塑五天工作坊中，邀請學員曦和分享她的原生家庭圖，並經過她的同意，呈現當時探索的過程。

想和自己連結的曦和

♦ 從「期待」開始

我（對曦和）：首先想瞭解的是，對妳來說，這五天的課程以及進行家庭圖的探索，妳最想要得到的是什麼？

如果要用主題式的探索方式，需要從一開始就了解曦和的「期

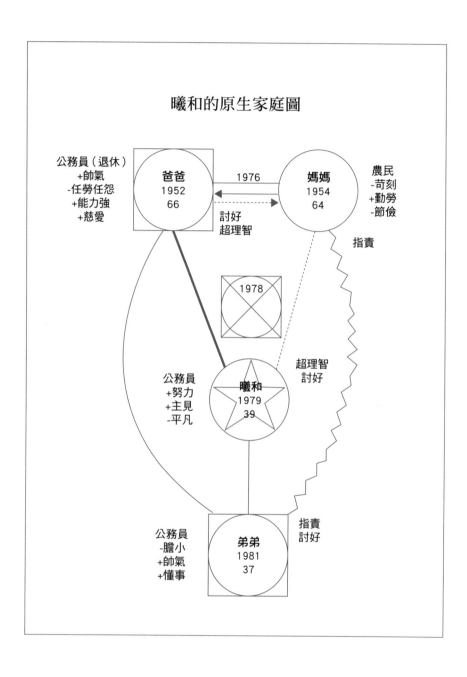

曦和的原生家庭圖

公務員（退休）
+帥氣
-任勞任怨
+能力強
+慈愛

爸爸
1952
66

1976

媽媽
1954
64

農民
-苛刻
+勤勞
-節儉

討好
超理智

指責

1978

公務員
+努力
+主見
-平凡

曦和
1979
39

超理智
討好

公務員
-膽小
+帥氣
+懂事

弟弟
1981
37

指責
討好

待」。如果是自己在練習，也可以自問自答：「此刻我想探索自己的原生家庭圖，期待能有什麼樣的進展？」就如同第19章「四個提問」的第一個提問：「我真正想要的是什麼？」，會引導我們更加聚焦在關切的方向上，進行探索。

曦和：就是想和我自己連接，因為我……我把自己給搞丟了。

曦和回應想要「和自己連接」，緊接著說明是因為「把自己搞丟了」，這部份成為第二個提問「是什麼阻礙了我？」的線索。接下來，我會同時在曦和的「想要」與「阻礙」間來回探索。

我：妳……哪時候搞丟了？

曦和：我覺得……也是最近意識到的。通過一段時間，這一年多的反覆學習，我意識到自己比較容易「超理智」，關注在情境的時候很多，但是和別人以及自己的連接比較少。

我：（指著曦和的家庭圖）所以這是妳比較超理智的部分，是嗎？（曦和：對。）……所以妳想要通過這五天，讓妳跟自己更接近，如果以超理智的角度來說，妳想和自己的感受更接近，是嗎？（曦和：對！感受。）……從以前妳學薩提爾，包括上次上我的課一直到現在，妳覺得這個部分有哪些進展？

我們每個人包括曦和，在學習和成長上都會有進展，但卻容易忽略自己的進展，認為自己總是不足、總是缺乏某種能力去面對自己的挑戰。因此，回顧自己的學習和進展，可以更提醒自己所擁有的資源。同時，也能以此作為基礎，再往前探索與發展，朝向曦和所期待

的「和自己連結」。

曦和：嗯……覺察……

我：覺察？妳覺察到哪些部分？

曦和：嗯，就是在一些情緒出現的時候，第一時間知道我有情緒，然後學會並且能夠區分情緒和事情、自己和他人。

我：那很好，妳有了一些進展……，今天妳還想要更多進展的部分是哪些呢？

在薩提爾模式中，提問是正向導向的，比較不會問：「妳哪裡還有問題要處理？」，而是：「妳會想要在哪方面有更多的進展？」。

曦和：我不是很清楚，嗯……我覺得是「憤怒」這個情緒。我之所以說我離自己很遠，是覺得我有一個卡點，卡在憤怒上。我年前上某位老師的冥想課時，有出現一下那個感覺，後來就再也沒了。

我：憤怒的部分？

曦和：因為在我的生命中，覺得「憤怒」這個詞離我好遙遠……

我：為什麼要特別去找憤怒這個部分呢？

曦和：嗯，我……我不是要特別去找，是因為我……我每次一冥想或靜心，需要和自己連接時，會特別容易心亂，然後馬上憤怒就出來了。嗯，我……我也在那個冥想課上，感覺到心亂的底層，有憤怒出現，但一下就沒了，所以我想可能是我不敢看──不敢看這個憤怒。

我：所以如果妳敢看的話，妳覺得妳比較能夠接觸到那個憤怒的感覺，是嗎？

曦和：對、對，我覺得它隱藏得比較深。

至此，對於前面的部分進行一點整理，如果用「四個提問」架構來看，我的第一個提問：「你真正想要的是什麼？」，曦和很快的回應：「想要和自己連接」，這裡沒有更進一步的探索，是因為曦和之前的學習讓她已經很清楚知道自己想要的是什麼了！其次，也是因為時間上的考量，想聚焦在後續的探索與轉化。換句話說，如果沒有上述的考慮，可能會在第一個提問停留得久一點，比如：「什麼樣的情況你會認為是和自己連接？」「如果可以和自己連接的話，你的生活會有何改變？生命會有何不同？」……我們在做自我探索時，也可以這樣問自己。

如果從第二個提問：「什麼阻礙了你達成期待？」來看，從「把自己搞丟了」開始，曦和認為是自己習慣「超理智」而和「感受」較難連結——特別是「憤怒」的感受。她經過薩提爾的學習之後，特別能敏銳地覺察自己一閃即逝的「憤怒」，也隱約地感覺到這阻礙了她和自己連結的程度，並且猜測是自己「不敢看憤怒」，才難以接觸到憤怒。因此，想要探詢以及連結「憤怒」的感受，成為她關注的焦點。

接下來，就可以從原生家庭圖中的線索，探索第三個提問：「這樣的阻礙是從哪裡學來的？」

♦ 探索「過去」的影響力

我：也許妳的時間還沒到？（曦和笑著點頭：也許。）好，所以妳想要接觸自己的憤怒，是為了跟自己連接，是嗎？（曦和：是。）OK，那妳看著這個家庭圖，針對妳的目標，有看到什麼跟憤怒有關的訊息呢？

曦和：很清晰，（指著家庭圖上）和我母親的關係。

我：（看著曦和的家庭圖）跟媽媽嗎？（曦和：對。）怎麼說？因為看起來妳跟媽媽的關係線是疏離的，是嗎？（曦和：是。）反而媽媽和弟弟的關係線是衝突的（曦和：對。）那妳的憤怒是怎麼樣被別人看到的？

曦和：我沒有表達過憤怒，因為我從小就不會表達憤怒。所以我感覺如果要從原生家庭裡面探索，我覺得可能主要是和母親的關係。

我：這是一個猜測嗎？

曦和：嗯，是有一些體驗。

我：可以分享嗎？

曦和：（指著自己的家庭圖）我給我媽媽的形容詞有一個是「節儉」，這個節儉我覺得說得太好聽了，她就是節省到……一點生活的樂趣都沒有了，一味的省錢過日子，她會讓妳生活的很沒有意思，這是我小時候的體驗。然後，我的母親是比較容易指責和挑剔的人，甚至比挑剔還要嚴格，可以說是個苛刻的人。所以我未婚時，如果我還沒對象，她老覺得這個人可能不會喜歡我、那個人也不會喜歡我，或人家可能會拋棄我；等我找到對象後，她就會開始挑剔對方，他這裡不好、那裡不好……

我：所以，妳對她的指責、挑剔、苛刻其實是生氣的？

曦和：是的，這個家庭圖是在十八歲之前，那時我沒有太強烈的感覺，因為那時我特別樂觀、特別快樂。我覺得對母親的憤怒，可能是從找對象的時期，開始清晰一些。

曦和幼年很少感受到憤怒，只有成年後找對象時，才因母親的挑剔、苛刻的態度而感到憤怒。因此，從小未曾表達過憤怒的她，長大後可以表達憤怒嗎？

我：之前妳猜測是跟母親有關，對她的憤怒。好，那妳發現這一點後，妳覺得以現在的妳，妳可以對她表達憤怒嗎？

曦和：以前從來沒有過，最近有過兩次，是在通話裡。因為我們沒有住在一起，雖然別人可能聽不出來，但我自己覺得已經表達出憤怒了。比如說，她會說很多很多負面的話，我就會回她：「妳就不會說一些好的，讓孩子們生活得更好嗎？」還有：「妳說些好的、妳期待好的，孩子們不是會變得更好嗎？」我覺得這是我對她的指責，我以前從來沒有過這種表達。

我：當妳這樣表達的時候，內在的感覺怎麼樣？表達完之後心情怎麼樣？

曦和：我覺得委屈……。當時掛電話那一刻，有一點憤怒，也有點委屈。

我：妳現在可以感覺到那個委屈感嗎？（曦和：可以的。）那這種委屈的感覺在妳小時候有發生過嗎？

曦和表達憤怒後有委屈的感受，讓我連結到「憤怒常是保護負向、脆弱的感受（如委屈）而產生的情緒」。她幼年沒感受到憤怒，那有感受過委屈嗎？

　　曦和：嗯……應該有吧。

　　我：妳有想到哪個時候會感覺委屈？像是媽媽在苛刻跟挑剔妳的時候，妳不能表達出來，是嗎？

　　曦和：小時候她對我的挑剔，我沒什麼印象了，但是我覺得我的委屈，更多源自於好多想要的東西得不到吧！（我：比如說？）比如小時候看大家打羽毛球，我也想打羽毛球，或者買呼拉圈，我都不敢跟她說，因為我知道她節儉嘛！所以……

　　我：所以小時候妳不能表達妳想要的東西，是嗎？也會影響到現在的妳嗎？（曦和：是的。）怎麼影響妳呢？

　　曦和：嗯……不配得呀！好的東西我覺得我不值得擁有。所以，我現在會……會……當我意識到的話，我可能……即便買了東西來滿足自己，內在的自己、心裡還是有個聲音說：「妳不值得！」

　　曦和幼年感受到的委屈，是因為不能表達自己想要什麼，其中一個主要原因是知道母親節儉。如果一個孩子不能表達想要的、需求不能得到滿足，產生了委屈的感受，可能也不能表達出來，甚至可能也不允許自己有憤怒的感受，或許就只能用「我不配得」來總結這樣的情況了！

　　「妳不值得！」的聲音，在薩提爾模式中，意味著一個人對自己很深的否定，很容易進入低自我價值感的狀態，因此在時間的限制

下，我決定在此處開始，運用「和幼年的自己對話」的方式，同時進行探索與轉化的工作。

♦ 探索與嘗試轉化「不值得」

我：好。我們從這邊開始。如果這個孩子、小時候的妳，她想買羽毛球拍，或者想得到一些東西，她得不到，因為不敢表達，妳可以想像那時候的妳嗎？（曦和停了一下，點頭）如果她在這裡的話（指著旁邊的空位），妳會想要跟她說什麼？

曦和：我會跟她說……她太懂事了。

我：妳跟她說「妳很懂事。」

曦和：妳很懂事。（我引導曦和：妳總是……）妳總是照顧……照顧媽媽，怕媽媽會擔心，連自己最簡單的需求都不敢說出來。

我：妳體諒媽媽，她（幼年的曦和）在那個情況下心情怎麼樣？告訴她。

曦和：我知道妳很委屈……（我：是。）

（曦和停頓很久）

我：……還有任何的感覺都可以說。

（曦和抬起頭來）

我：發生了什麼事？

曦和：（邊微笑邊擦淚水）有點太緊張，感覺跑了……

我：沒關係。妳的緊張是跟什麼有關？

曦和：跟他們（指著現場其他聆聽的學員們）……呵呵。

我：我們來看看（環視在場的學員）……，妳覺得妳的緊張是緊

張什麼？他們會評價妳嗎？

　　曦和：不會，我知道他們不會……

　　我：他們不會？那妳的緊張是……

　　曦和：不配得。

　　我：妳不配在這邊跟我們談話，是嗎？（曦和點頭，掩面無奈的笑，然後落淚）來！妳告訴這個孩子（九歲的曦和）……「到現在為止，我仍然覺得自己不配得。」

　　曦和的覺察力很好，並且十分坦誠與開放，讓我知道她「不配得」的感受如影隨形，就發生在當下。因此，我邀請她對「幼年的自己」說出來，這樣的承認使得感受得以流動，有利於後續的轉化。

　　許多朋友在進行「和幼年自己對話」的自我療癒時，也會發生類似的情況，如：沒有感覺、感覺跑掉、感覺無力、感覺不舒服……等，就停止繼續和自己工作了，這是很可惜的。如果可以接納與承認當下的狀態，並試著對「幼年的自己」說出來，感受就會開始有變化，有機會繼續走得更深入一些。

　　曦和（開始難過的拭淚）：我很委屈，到現在，我仍然覺得自己不配得，什麼好的東西都不配得。

　　我：是。那是當年妳的感受，是嗎？

　　曦和：一直都有的感受……

　　我：是。但是我現在想要妳去……

　　本來這裡我想停下來讓曦和分辨「現在」和「過去」，但曦

和很快繼續自發地和「幼年的自己」對話，於是我選擇跟隨和聆聽⋯⋯。這裡也是很好的提醒，如果你自己在對話時，要跟隨自己當下浮現的情緒，而不是腦袋中已經想好的話語。

曦和：妳不可以要好看的衣服（我：是。）妳不敢嫁⋯⋯不敢嫁更好的人（頻頻拭淚）。

我：是。⋯⋯妳這話不能讓妳老公聽到（全場笑、曦和邊拭淚邊笑）。他會想「更好的人」到底在哪裡？他的情敵他都不知道。

曦和：我在找對象的時候也是，總覺得自己可能⋯⋯（曦和繼續邊拭淚邊笑，學員遞了面紙給她）

⬥ 嘗試區分「過去」和「現在」

我：我要妳區分兩件事情，妳的委屈感來自於過去，是嗎？（曦和：是。）那妳現在作為一個成年人，妳可以開始為自己做一些彌補跟補償（曦和點頭）。那這個孩子⋯⋯當年大概多大？

曦和：大概九歲或十歲吧！

我：那想像她是九歲，這個九歲的女孩她不配得，因為她想要買羽毛球拍都不敢說。那今天妳幾歲？（曦和轉頭去看家庭圖說：三十九）妳現在幾歲還要看家庭圖？（全場笑）

曦和：因為我覺得我還很年輕，沒想到快四十了！（全場大笑）

我：稀哩呼嚕的妳就過了三十年，是嗎？從九歲到現在⋯⋯（曦和頻頻點頭：對！對！三十年了。）妳已經是個母親了，是嗎？

曦和（激動落淚）：不想再委屈了！我不想再這麼委屈了！已經

過了三十年……

　　我：……告訴這個孩子「我不想要妳再委屈了」，是嗎？

　　曦和：是！我不想要妳再委屈了。

　　我：那妳想怎麼樣？告訴她。

　　曦和：把她的需求拿出來，為自己活！

　　我：是，「我會為妳表達」。

　　曦和：是，我會為妳表達、我會照顧妳。妳委屈的活了這麼多年！（一直拭淚）

　　我：那妳可以跟她說「我對不起妳」（曦和：對不起妳！）「我讓妳這三十九年都感覺到委屈」，是嗎？

　　曦和：是，因為……因為我太照顧（我：家人，還是媽媽？）不！太照顧我自己完美的形象了！一定要做對、一定要完美……

　　此時，「照顧自己完美的形象」是一個新的訊息！因此，壓抑了自己的需求和感受，而感覺到委屈。

　　我：當年妳會有這個完美的形象，是為了誰呢？

　　曦和（看了一下家庭圖，笑著指著左上角）：爸爸！

　　我：喔！所以這跟爸爸、媽媽都有關！

　　曦和：是的。因為……我是爸爸的驕傲。

　　我：所以，妳在心裡，從小就想成為一個讓爸爸覺得完美的女兒？

　　曦和：應該是說，我應該是爸爸、媽媽的驕傲。

　　我：但對爸爸那個部分更強烈，對嗎？

曦和：是，對母親這一塊，可能……雖然是討好，但會有一點點的指責在裡面。

此刻，我不再細辨她的「完美形象」是怎麼從父母身上得到的，而再次聚焦在「對母親的憤怒」的方向上，以接近她原來的目標（想和自己連接）和阻礙（無法接觸憤怒的感受）。

我：是，所以妳某些時候是對她生氣的？（曦和：對。）告訴這個孩子「其實妳當年有時對媽媽是生氣的」，妳跟她說。

曦和：其實當年妳對媽媽是有不滿的，妳只是不敢說。

我：是。妳告訴她（九歲的自己），她的不滿是什麼？她的生氣是什麼？

曦和：妳不滿……她不能完全的接納妳，就是沒有給妳母愛的包容。因為妳心裡一直有個特別完美的媽媽形象（我：是。），可以無私的、沒有條件的去接納妳（我：是。），但妳卻看到那雙挑剔、苛刻的眼神……。

我：媽媽總是挑剔妳，所以妳也要變得更加完美，不能表達自己的需求。

曦和：對，但我覺得完美這個情結，跟我爸爸會多一點。

我：嗯，那今天呢？今天妳可以允許自己表達生氣，或至少妳可以接納自己的生氣嗎？

曦和：嗯，我可能也是因為不能接納，才會去壓抑。

● 釐清時空與更新內在訊息

我：所以這個小女孩九歲，想要買羽毛球拍，卻不敢買，連生氣都不敢生氣，因為她覺得自己本來就不配得。那今天呢？妳可以告訴她「我可以允許妳生氣、允許妳有一些不滿」嗎？

曦和：我覺得媽媽太強勢了，她可能還是不敢。

我：但……我現在問的是妳啊！媽媽當年一定不允許，這個小女孩九歲，她也沒辦法，是嗎？（曦和：對，她沒辦法。）但妳現在三十九歲了！（停頓，讓她感受一下）……妳覺得妳能不能允許她？這是最重要的，妳可不可以允許九歲的小女孩，在她得不到東西的時候，心裡可以有不滿呢？

曦和：我可能會……你問這個問題時，我可能會先考慮媽媽能不能接受，她還在……她還在影響著我！

我：是，沒有錯，我相信是這樣的。但我希望妳更加區分清楚，此刻的妳是三十九歲的曦和，當年九歲的曦和是真的沒辦法，但經過了三十年，妳也是別人的母親了，是嗎？（曦和點頭）妳允許妳的孩子可以憤怒嗎？（曦和：我允許啊！）真的嗎？（曦和點頭）那為什麼妳不能允許這個九歲的孩子呢？

曦和：……我允許我的孩子可以表達憤怒，是因為我不喜歡她像我一樣。

我：是，那妳要以身作則啊！

曦和：……母親的形象太高大了。

我：那是過去的形象，這麼高大的母親形象，是來自這個九歲小女孩的眼光。

曦和：我現在還會覺得很高大！

我：是，妳可以讓她變小一點嗎？妳現在是三十九歲，母親現在幾歲？或者，她當年幾歲？

曦和：她當年三十幾歲，比我現在還小。

我：對啊，當年她比妳現在小，妳現在已經比當年的她年紀還大了，妳還在怕她？怕當年的她，不是嗎？（曦和：現在的她也會怕。）妳怕現在的她，是因為妳想到當年的她？所以妳現在的害怕，其實是這個九歲小女孩的害怕。（曦和：是。）九歲時看到三十歲的媽媽，那個形象是高大的，但是妳現在三十九歲，還沒有更新這些訊息，是嗎？（曦和：對！是的。）妳現在可以更新嗎？這個九歲小女孩害怕三十歲的媽媽，但妳現在是三十九歲，比當年媽媽的年紀還大了，現在妳可以允許這個九歲的小女孩生氣嗎？

上述對話主要在不斷的分辨「過去」和「現在」，因為在曦和的內在，兩者很容易混淆，如果沒有分辨與更新內在「凍結在過去」的訊息，就會一直像當年的小女孩般害怕母親，無法以成年人的狀態照顧自己、進行改變。

曦和：我允許。

我：妳允許？……那妳告訴她。

曦和：我允許妳生氣，妳可以向媽媽表達出來。（我：是！）其實，有時候媽媽是看起來很厲害，實際上妳只要一說出來，她就一點都不厲害了，完全是因為妳自己心裡害怕。

我：是，告訴她「妳害怕的時候，我就是妳的後盾。……我現

在比當年的媽媽年紀還大了」，是嗎？

曦和：妳要是害怕了，我就是妳的後盾。因為媽媽現在心理上，也會依賴我。（我：是。）所以，我覺得我可以做妳的後盾。

這裡我希望曦和不是因為媽媽依賴她才不害怕，而是因為現在她已擁有成年人的內在力量，可以做幼年自己的後盾。

我：是因為媽媽依賴妳才做她（幼年自己）的後盾？妳現在三十九，媽媽現在六十四，三十年前她才三十四歲，是吧？所以妳比她大五歲了。（曦和頓時笑出來，點頭）……所以對妳來說，此時此刻的妳看到這個九歲小女孩，她害怕三十四歲的媽媽……

曦和（閉眼沉思後點頭）：……對……我可以做到……我可以做到。

我：跟媽媽依賴妳一點關係也沒有。

曦和：是，我可以……

我：好，那妳告訴她。

曦和：我有能力滿足妳……所以妳其實可以大膽的說出來。

我：是，「妳有什麼需求都可以告訴我」。

曦和：妳有什麼需求都可以告訴我。

我：「我會視情況決定是否滿足妳，因為有時的確要考慮現實環境，但是我不會忽略妳的需要」，是嗎？

曦和：對，我會把妳的需要放在心上，我會很在意這份需要。

我：是，「適當的情況下，我會為妳表達」。

曦和：我會為妳表達，我會盡最大努力去滿足妳。

我：感覺怎麼樣？現在。

曦和：我覺得好像換了一種想法。我是三十多歲的自己，我覺得自己有力量。

我：是的。（轉頭對大家說明）我不知道你們聽的感覺怎麼樣？你們自己的內在有沒有更新？剛剛有沒有明顯的看到曦和（指著曦和），這個成年的曦和，她認為自己在害怕，可其實不是她在害怕，不是「三十九歲的曦和」害怕，而是「九歲的曦和」在害怕。九歲的曦和怕誰呢？怕她媽媽的高大形象。這個媽媽幾歲？當年三十四歲，是嗎？比現在的曦和年紀還輕！但這個資訊沒有更新過，從當年就一直留存到今天，妳一直是用九歲的心情看媽媽，所以現在不管媽媽幾歲，或是自己幾歲，一看到媽媽就馬上感覺害怕。如果妳的腦袋可以更新，就可以再考慮一下，看看有沒有需要再如此害怕？這在自我成長裡是非常重要的一部分。

我：現在呢？感覺怎麼樣了？

曦和：有力量。

我：好，最後妳可以告訴這個孩子，以後如果她有任何憤怒的感覺出來時，妳會怎樣？告訴她。

曦和：以後如果有憤怒的感覺出來，我希望妳能來我這裡，跟我表達。我有力量，我可以接住妳的憤怒。我來堅持，妳不是一個人！

我：妳這樣講的感覺是……

曦和：那也是可以表達的！（曦和笑著說，然後拭淚。）

我：是的，憤怒可以適當的表達。（轉向對學員說）如果不適當的表達，就會變成指責，是嗎？**但是妳不用指責，也可以表達憤怒。**

比如說，先生或孩子讓妳覺得憤怒時，如果妳釐清了那個憤怒，跟自己的關係比較清楚，就可以用比較平靜的方式告訴他：「你那樣做我不太能接受，我很生氣。」不需要用責備的方式（轉頭回來看著曦和），是嗎？妳也可以跟媽媽堅定表達妳的需要，告訴她我不想要這麼做，或者我希望妳可以認可我、贊同我。

曦和：是，我現在學習薩提爾，也在逐漸學習這個部分。

以第三個提問「這阻礙從哪裡學來的？」來看，推測曦和母親的節儉、苛刻與強勢，以及她的懂事與討好，讓她不能表達自己的需要，而感到「委屈」，也逐漸產生「不配得」的感受。幼年時，「憤怒」可能是隱藏或壓抑的，直到成年後（如選擇對象時，媽媽的過度挑剔）才明顯的引發出來。此外，從她是「父（母）親的驕傲」，所形成「照顧完美形象」的傾向，也會讓她更不能表達自己的需要以及憤怒。在一邊探索的過程，一邊分清「現在」和「過去」，「轉化」來自過去的影響力。

第四個提問「我可以為自己做什麼？」，曦和承諾願意為自己表達憤怒，不再畏懼幼年時母親高大的形象，是很好的進展。回到現實生活中，表達憤怒一定還是有困難，這需要慢慢來。但這樣的進展，將會使她更不需要壓抑憤怒、更加接納憤怒的存在，也就更能朝向「和自己連接」的方向邁進！

接下來想要透過上述議題的探索過程，以及家庭圖中的個性形容詞，來看看曦和的資源。如何能看見並重新擁有豐富的資源，也是達到曦和想要「和自己連結」的重要一環。

♦「重新擁有」自己的資源

這裡開始轉向「資源」的部份，在家庭圖中，從父母和兄弟姊妹的個性形容詞當中，看見自己所擁有的資源是非常重要的。

在進行「和幼年的自己對話」時，也會進入到「欣賞與感謝」幼年自己的階段，這是一個逐漸「整合」的階段，而發現、接納與擁有「從幼年求生存時就已經發展出來的資源」，是落實「整合」階段的重要過程。

我：好，那我再問妳一件事，這個九歲的小女孩，妳覺得她從小到大有什麼資源？

曦和（笑著說）：太多了。

我：告訴我幾個，來，妳說。（我拿起白板筆，準備把曦和的資源寫在白板上）

曦和：她一直在努力。

我：努力（寫在白板上），她一直很努力。

曦和：善良。

我：善良（寫在白板上）。還有呢？

曦和：現在一下想不起來……

我：沒關係，妳想像一下這個九歲的小女孩，那時也許她不敢表達她的需要。但是在這樣的情況下，她仍然讓自己長大，是靠什麼活下來？靠什麼去運用她的資源？……比如她想要羽毛球拍但不敢講，是用什麼方式去讓她度過那段時間呢？

曦和：她可以躲開啊！就是在別人玩的時候躲開。

我：嗯，躲開是嗎？她有躲避的能力？（寫到白板上）

曦和：對。這個也幫到她很多吧！

我：這個幫到她哪裡？「躲避」幫到她哪裡？

曦和：躲避讓她不受傷害，避開一些可能會傷害她的時刻。

我：是，所以如果她碰到危險，她運用這個能力是很棒的，是嗎？（曦和：是。）還有呢？

曦和：……我覺得我應該有很多的資源，但現在想不出來。

我：現在會緊張嗎？又感覺到不配得了嗎？

曦和：會稍微有一些。嗯……還是有點不好意思，當時我自己也不好……。只是針對她（九歲小女孩）嗎？還是說……

我：針對她、也針對整個家庭圖，比如家庭圖裡面，妳寫自己的個性形容詞是「努力」、「主見」和「平凡」……所以妳有「主見」（寫在白板上）是嗎？（曦和：我總是知道我要什麼，我該幹什麼！）是！……「平凡」妳認為是不好的，是吧？

●「轉化」負向的資源

曦和：對，我是想形容我十八歲之前「普通」……。

我：平凡是什麼意思？

曦和：所謂的平凡，就是……我覺得可能是對自己的「普通」不接納吧？我總是覺得自己要完美！

我：喔！妳要當一個完美的人。是嗎？（曦和：是！）所以妳不可以不完美。

曦和：我要加一個……（她主動的要了白板筆，將「平凡」前面

的負號改成了正號）。我現在覺得也很好嘛。（大家笑！）

我：為什麼？平凡好在哪裡？

曦和：我就是我啊！

我：我就是我，「真實」是嗎？所以這裡寫的資源，應該是「真實」還是「平凡」？

曦和：（點頭）嗯！「真實」（我寫在白板上）。我在寫資源的時候，還沒有想過「真實」這個詞。

我：好，來，我們挑戰一下。妳媽媽有苛刻（指著家庭圖中媽媽的個性形容詞），妳有沒有？（曦和：有啊！）（大家笑）妳的苛刻用在哪裡？

曦和：對自己！

我：啊～對自己苛刻。

小時候父母怎麼對待我們，我們就學會用同樣的方式對待自己，就如同曦和的媽媽對幼年的曦和苛刻，曦和也學會了對自己苛刻！

曦和：嗯，有時候會對孩子。但是我這點特別棒，就是只要一覺察到立馬收回。（我：這很好，那對自己呢？）對自己是很苛刻。

我：是！現在呢？

曦和：嗯，學了薩提爾以後會好很多。

我：好！那我們看一下「苛刻」這個字眼。對妳來說，從小妳就出現「苛刻」這部分，妳對自己苛刻嗎？

曦和：小時候倒不是很能感覺到，反正現在我是這樣。

我：好，可能小時候這個是比較隱藏的部分，因為剛從媽媽那裡

學過來，還沒有用上（曦和：越活越像媽媽！）長大後就越用越明顯了。那我問妳，「苛刻」對妳來說，有什麼好處呢？

曦和：好處很多啊！

我：告訴我幾個，最主要的好處是……

曦和：讓我越來越優秀！

我：優秀？所以苛刻其實是讓妳完美的手段（曦和：對！是的。）所以它讓妳越來越好？（曦和點頭）好，那從今天開始，妳還要繼續對自己苛刻嗎？

曦和：我覺得精益求精的品質可以保留，但是苛刻這種……對自己苛刻的感覺……不需要。

我：是！所以苛刻裡面有精益求精的部分，所以妳願意把「苛刻」轉化成「精益求精」嗎？（曦和點頭）好，妳有一個「精益求精」。（我在白板上寫下來，然後轉向學員說明，並指著家庭圖）在這裡，曦和她的轉化很快，可能之前學過，這個負向的個性形容詞也是她的一部分。她一開始使用它，跟媽媽的用法差不多，只是用在不同地方而已，媽媽用在曦和身上，她也學會了把「苛刻」用在自己身上，偶爾用在孩子身上，但對孩子比較能夠覺察，對自己比較難一點，所以苛刻會更多一點（曦和：對、對！）。薩提爾的精神不會去除「苛刻」，所有負向的資源都不去除。之前我有提過，負向資源像手機安裝程式一樣，這個叫「苛刻」的APP，需要修正、升級，對曦和才會有幫助，否則會干擾曦和，讓她對自己苛刻。現在這個「苛刻」裡，有她覺得不錯的部分叫「精益求精」，所以我們可以把精益求精留住，把那些對自己不好的成分放下（轉向曦和），是嗎？

曦和：是的，之前繃得比較緊，轉化成「精益求精」，就比較可以放鬆！

我：好，因為時間有限，我們來看父親個性形容詞的一項就好了，（轉向大家）我現在是想示範資源可以怎麼去看、去擁有。（回到曦和）妳覺得父親個性形容詞裡的「能力強」、「帥氣」這些妳也有，是嗎？（曦和點頭）。剩下的部分我們就快一點，「帥氣」妳有嗎？（曦和：有啊！）妳也很帥氣？

曦和：我媽很漂亮、我爸很帥氣，所以我也還可以。

我：啊，妳繼承了兩邊的優點啊。那我們看這個「任勞任怨」，妳有任勞任怨嗎？（曦和：有！）為什麼這對妳來說是負向的？

曦和：委屈……委屈自己，因為我太在意其他人了。

我：如果妳現在不再委屈自己、不再對自己苛刻、更愛自己，也允許這九歲的小女孩表達她的需要、憤怒和不滿……如果妳變成這樣的人，那「任勞任怨」可以怎麼樣轉化呢？

曦和：我覺得是……那它就成了善良的一部分（我：善良？）嗯，就是我……我會盡量去做，別人有需求，我可以幫就幫，但是會在自己的限度內……。

我：OK，所以我聽起來像是「盡力而為」？（曦和：對！）所以妳的「任勞任怨」……（我準備寫在白板上）

曦和：等等，我覺得「盡力」好像還是有一點委屈在裡面……

我：OK，要怎麼樣？妳覺得怎麼樣會更好？「盡力而為」好像也是有這樣的區別。

此時，曦和看向學員，似乎在尋求意見，看來不是那麼確定自己的感覺，所以我接下來的回應，就特別凸顯我和曦和兩人的不同。

我：我不知道！這對我來說比較不會委屈，因為我盡力而為，感覺是放鬆的，只要我有做就可以了，結果如何就不那麼在乎。不過，這是我的感覺，對妳來說，妳感覺「盡力而為」會有一點委屈在裡面，那妳就換個詞！更適合妳的。（曦和想了一下，又看向學員，似乎一時間想不太出來。）

我：（也跟著轉向聚精會神聆聽的學員）你們有什麼建議嗎？（某學員：量力而為！）

這裡由於時間上的限制，沒有讓曦和思考太久，從學員的反應，可以感覺到他們都能跟著曦和的歷程，給出很恰當的回應。

曦和：「量力而行」，這個好像還要好一些。

我：對妳來說，「量力而行」更好，所以妳這個資源就叫「量力而行」，是嗎？（寫在白板上）提醒自己量力。

曦和：對！對！對！這個特別好！

我：所以這對妳是特別適合的（曦和：對！特別適合的。）好，現在感覺怎麼樣？如果妳從小到大有這些資源（指著白板上寫下的資源：「努力」、「善良」、「躲避」、「主見」、「真實」、「精益求精」、「量力而行」），然後也像剛剛那樣，允許這個九歲的孩子可以表達需要、可以表達憤怒，妳覺得怎麼樣？

當然，與曦和談過但來不及寫下的資源還有：爸爸的「能力強」

和「帥氣」。因為時間不夠，沒有談到爸爸的「慈愛」，以及媽媽的「勤勞」、還沒轉化的「節儉」，還有弟弟的「懂事」、還沒轉化的「膽小」等，她應該也會有。

曦和：（帶著微笑，舉著握拳的手）我覺得很……會有想跳起來的感覺，很輕鬆！

我：好，（轉向學員說明）我們可以看看自己有多少資源，每一項正向、負向的資源都是你的，包括爸爸、媽媽，還有兄弟姐妹的資源也都是你的，為什麼？因為你能寫出來的都是你知道的，你知道的不僅僅是腦袋知道，從小到大的十八年之間，**你是感同身受的**，用整個身體、整個情感，從家人身上吸收這些特質。所以你老早就擁有這些資源了，只是沒有意識到你一直在使用它。如果你這樣去看自己，這家庭圖就像一張資源地圖、一張藏寶圖，可以讓你明白你擁有多少內在財富，所以接下來我想讓你們實際去練習和體驗這個部分。（轉向曦和）我們就先停在這裡可以嗎？

曦和：我有一種現在就想把她（九歲小女孩）抱起來跳舞……的感覺！

我：呵呵！好，妳就抱著她跳舞吧！謝謝妳跟我們分享。妳值得！妳值得運用這些時間，每個人都值得，同時，也謝謝妳讓大家有機會從妳身上學習。

結語

在薩提爾模式的眼光中，以及我個人的學習和體會，每個成年人的內在所有一切，不論好壞，都有它存在的原因，也都可以看成是我們的資源。除了上述從原生家庭圖中所看見的資源之外，之前從憤怒開始進行探索的每一個部分，也都是有功能的資源。

在成長歷程中，幼年面對求生存甚至更困難的情境，被迫或是無意識的選擇了用自己的某種方式應對，運用與生俱來的想像力與隔絕能力，創造安全感或是隔絕某些感受與記憶，讓自己和家人的生活不致於混亂、破碎，同時還能以某種方式學習與成長。

以曦和為例，她幼年想要滿足自己的「需求」（買羽球拍、呼拉圈），卻用「懂事」來照顧母親的「節儉」，再用「委屈」哀悼被犧牲的「需求」。而「憤怒」可能想要為「需求」和「委屈」說話，但可能也再次被「懂事」以及「照顧完美形象」，甚至還加上「害怕」（媽媽高大形象）所壓抑，或許要用「不配得」才能為無法滿足的「需求」、難以消解的「委屈」，以及逐漸累積的「憤怒」，找到一個內在平衡的理由。

等到成年之後，更有能力之時，再回過頭來明白當年的自己如何走過，瞭解自己的「懂事」、「委屈」、「照顧完美形象」、「害怕」、「不配得」發揮了哪些求生存的功能，將這些資源重新加以梳理、調整、轉化、整合，成為一個主導自己人生、更加完整的人。

接到天安老師的信息，說是要對我的家庭圖案例進行整理，寫成文字公開，詢問我的意見。當時，我非常開心。一方面有被老師選中，像是中獎的激動，另一方面，我可以藉此機會再次回看那次家庭重塑工作坊帶給我的成長，以及近兩年的變化。

在這次關於家庭圖的訪談中，我對負向資源以及如何轉化有了重新的認識。之前我認為負向資源會成為我成長的阻礙，總想躲避。在訪談過程中，當我從「苛刻」的資源中看到精益求精的特質，看到在工作和生活中，它給我帶來的能力提升和認可，我開始接納自己的每一個資源。在之後的生活中，我每次遇到阻礙，都會嘗試轉化，能夠影響我的事越來越少，受負面情緒影響的時間越來越短。

訪談中，我和九歲不敢跟媽媽說自己的需求的小女孩對話時，我在天安老師的帶領下一步步突破恐懼，帶著力量為小女孩撐腰時，感受到內心無比的自由。即使是三年後的今天，回看這段歷程，我依然激動。我現在學會藝術地表達自己的需求，同時也可以坦然接受並理解拒絕，自我負責、內心安定。

上了幾次的工作坊，我從內心膽怯糾結的小姑娘，成長為自我負責的成年人，並在幸福的道路上穩步前行。我不再懼怕變化，不再向外求認可，生活充滿陽光，內心擁有力量。

其他探索家庭圖的方式

透過上述案例的理解，你也可以嘗試練習下述的做法：

◆ 一、主題式探索家庭圖

運用第19章「四個提問」的框架，探索自己所關切的議題。以主角曦和為例，示範如何用此框架看待探索家庭圖的過程：

1. 我真正想要的是什麼？

主角曦和想要的是「和自己連結」。

2. 是什麼阻礙了我？

曦和認為和自己的感受較難連結，尤其是「憤怒」的一閃即逝、難以接觸，阻礙了她和自己連結。

3. 這阻礙從哪裡學來的？

主角曦和從家庭圖中，猜測「憤怒」和她與母親的關係有關。過程中，發現她不敢表達自己的需要，感覺到自己的「委屈」與「不配得」，「憤怒」被隱藏或壓抑，直到成年後才比較明顯的感受到。透過分清「現在」和「過去」、更新內在訊息，「轉化」來自成長經驗

的影響力（如：害怕母親的強勢）。

4. 我可以為自己做什麼？

曦和承諾願意重視自己的需求、為自己而活，並嘗試表達憤怒。即使表達憤怒上仍有困難，但已經可以讓她不需要壓抑憤怒、更接納憤怒的存在，朝向「和自己連接」的方向邁進！

♦ 二、重新擁有你的資源

準備一盒名片大小的空白卡紙，選擇你喜歡的顏色，可以是單色，也可以是多色的，你可以用更繽紛的方式，蒐集自己的資源。請給自己大概十五分鐘到半小時的時間，再依照實際情況調整時間。

1. 承認與擁有正向資源

如同上述我詢問曦和般，你可以檢視自己的原生家庭圖，不管是爸爸、媽媽、自己，還是兄弟姊妹，看看有哪些家中成員的個性形容詞，也出現在你的身上？

如果是正向的個性形容詞，你覺察到並願意承認的，就直接在卡紙上寫下來，這就是你的「資源」，記得每張卡紙只寫一個資源。

當你寫下來時，可以在心裡跟這個資源連接，比如你有「聰明」的資源，試著跟聰明的感覺、跟過去被你認為是「聰明」的時刻連接，讓自己感覺「這就是我的一部分，我接納這個資源，而且我擁有它」，然後問自己：「今後我將會如何去運用它？」

2. 轉化負向資源

如果是負向的個性形容詞，可以想想看，是否可以根據它的功能，把它轉化成適合你自己運用的資源，例如像上述曦和將「平凡」轉化成「真實」、「苛刻」轉化成「精益求精」、「任勞任怨」轉化成「量力而行」。

如果在轉化上有困難，或是不太知道可以如何轉化，請參考第21章，裡面有更詳細的步驟協助你進行這個過程。

3. 資源的整合與內化

蒐集完資源卡之後，可能是十幾張，甚至是四、五十張，把它們攤開來，讓你一眼就可以看見所有的資源，花一些時間瀏覽一下，看看心裡會有什麼樣的感覺？對自己會有什麼不同的看法？

如果你的感受和看法都是正向的，可以嘗試記住所有資源在眼前攤開這樣的影像，再閉上眼睛，看看是否也能在心裡重現這樣的影像。如果感覺有些模糊，可以再次張開眼睛看清楚，然後閉上眼睛去重現影像，如此反覆幾次，看看感受如何？內在有什麼樣的變化？

21

請法官走下來
——負向資源的轉化

在我成年以後，常常感覺到自己內心的乾枯，覺得活著沒有太多的快樂。因為我常常責備自己、貶抑自己，不管大事、小事，我都可以挑出自己的毛病，盡情批評一番，讓我感覺很痛苦，卻又停不下來，不知這是怎麼回事，心想：這就是我吧？生來就這樣，大概無法改變的。直到我學習了薩提爾模式，才比較清楚的知道，這是我過去在原生家庭中的學習。單單意識到這件事，就讓我有了很大程度的放鬆，以及充滿著希望感。

我的父親很嚴厲，從小在他的教養之下，戰戰兢兢的長大。常常一不小心犯錯，就會遭來一頓責罵，甚至責打。平日作息和出入也有相當嚴格的管控，即使功課寫完了，也不一定能夠出去玩耍。在我們家，經常在吃晚餐的時候，會被通盤檢討一整天的錯誤，我還記得一邊落淚、一邊扒飯，淚水和著飯粒往肚裡吞的感覺。

就這樣，我把父親對我的嚴厲管教，逐漸內化成了我的一部分，變成了我對自己時時刻刻的要求和批判。

面對我的「法官」

在學習薩提爾模式一段時間之後，越來越明白這是我從原生家庭的學習，也比較瞭解可以運用薩提爾**正向導向**的眼光，看待這個困擾許久的自責性格，也知道可以怎麼處理。有天，我感覺時機成熟了，決定要面對自我批評、自我責備的部分——我將這部分稱之為「法官」，並把它更加具象化，感覺它好像浮在我的右後方上空，像監視器般的全面監看著我，隨時會提出它的批評。

我想像自己邀請它，讓它從我的右後方下來，站在我的面前，我開始對它表達。

「我知道從我很小的時候，你就出現了！你想要讓我在被爸爸責罵之前，就先模擬爸爸的標準和說話口氣來提醒我、制止我，以免我做得不夠好或是犯錯！」

「我能夠一直維持在正軌上走到今天，主要是因為有你的提醒和協助。」

「謝謝你對我所做的貢獻，讓我可以時時刻刻的提醒自己，要把事情做好！要努力的學習！不要犯錯、不要偷懶！」

我從薩提爾的學習裡知道，想要去除和壓制自己不喜歡的部分是很困難的，這會造成內在的對立和衝突形成內耗，也可能會使自己這個部分更加頑固、更難改變。若是用接納和認可的方式、**用添加而非去除的方式**，才能產生合作和轉化的可能。因此，當這樣真心的欣賞、感謝和認可我的「法官」時，自己會感覺比較舒服，也可以感覺到它的放鬆，氣氛友善許多。這時，就可以進入到下一部分。

「但是，過去你幫助我的方式，讓我一直覺得很困擾，感覺活著很沒有意思！」

「我做什麼你都可以挑剔我、責罵我，也常常讓我覺得自己一無是處，感到很沮喪、很無力……，過得很痛苦，我不想再這樣繼續下去！」

「我真想要活得更自在、更輕鬆、感覺有意義、有價值……」

我把所有感受到的限制和困擾，一股腦的傾吐出來，它可能從來不那麼清楚的知道，它所造成的負面影響，這些訊息對它可能也是衝擊的，我感覺到它也有些歉疚，因為這不是它的本意。

「從今天開始，我希望你可以繼續發揮你的觀察力，讓我對自己的行為保持著覺知，但是隨之而來的批評聲音，請調整成一種溫和的提醒就好！可以嗎？」

「希望你能成為我內在的『覺察者』，以後繼續幫助我，維持自我覺察的能力。」

我做出決定，與內在「法官」協商，請它發揮正向的功能，調整現在已經不適合我的部份，並且賦予它新的名稱：「覺察者」。

它沉默了，但似乎沒有拒絕的意思，我想可能需要一點時間讓它慢慢的消化。

記得當時和內在法官對話及協商完之後，就沒有特別注意它了，在很長一段時間之後，我想大約是半年，我忽然驚覺已經很少聽到法官的聲音了，這時更加感覺到欣喜、輕鬆和自在。

轉化負向資源的原則

你也可以用正向的眼光看待自己原本認定的負向個性特質，或是平時困擾你的短處和缺點，同時，可以參考下列的步驟，將它轉化為正向的資源和能力。

♦ 1. 探詢起源與功能

瞭解此一負向特質的歷史或起源，它是來自於過去何種情境的學習？或是它如何形成？它當初想要為我們做些什麼？它有什麼功能和貢獻？

就如同我的「自我批判、自我責備」的部份，主要來自於父親嚴厲管教，它想要避免我被罵、被打而形成。

♦ 2. 給予命名

除了賦予特質形容詞以外，有些複雜、曖昧的內在困擾或卡點，需要給予具有個人意義的命名，讓它能夠更為清晰、聚焦。你可以想像是某種具象的生命體，讓它站在你的對面，例如我的「法官」。

♦ 3. 欣賞感謝

對於這一負向特質，需要運用正向導向的眼光，相信它一定是當年應對困難和挑戰而產生的功能，對於它過去一直以來提供的功能或貢獻，表達由衷的理解、欣賞與感謝——重要的是需要真心誠意。

◆ 4.表達困擾或痛苦

然而，這個特質後來被過度和僵化的使用，所產生的困擾和限制，也盡情的表達出來，想像對方可以瞭解和感受。

◆ 5.決定今後將如何運用它

告知它你的決定，你將如何調整和運用這項資源。我將「法官」原先對我的觀察和責備，調整為觀察與提醒。

◆ 6.重新予以命名

根據它具備的正向特質與功能，以及新的任務，來給予它並告知它新的、正向的名字，就如我的「法官」變成了「觀察者」。

· · ·

在這樣的轉化過程中，最重要的是你帶著情感，真心的相信這個原先被你認定的負向特質，其實是被你誤解的老朋友，它想幫你、也真的幫到你了，只是它的做法被過度和僵化的使用，現在已經不適用了，以致於產生了困擾和限制，這時需要你進一步的瞭解、認可它，並調整它原有的功能。

我常常在工作坊中分享這個經驗，說明薩提爾模式正向導向的精神，以及不管是正向還是負向的特質與能力，終將成為我們內在豐富資源的一部分，這可以是十分令人振奮和充滿希望的過程！

影響輪

　　薩提爾女士認為：「我們都擁有內在資源以成功地應對與成長。」[11] 在薩提爾模式的學習中，意識到自己擁有豐富的資源，是非常重要的一點，我們會因此感覺到自己是豐盛、有能力且有價值的。

　　要看見或尋找自己的資源，「影響輪」是其中一個既簡單又美好的工具。在進行家庭重塑前，要準備主角的背景資料，影響輪就是其中一項，另外兩項是三代的「原生家庭圖」和「家庭生活年表」。

　　有時候，對青少年而言，去談論原生家庭或是畫原生家庭圖，可能會感覺太過沉重，透過影響輪讓青少年探索與認識自己的資源，會是比較容易入手的方式。

　　影響輪主要是針對一個人，在童年及青少年時期的成長過程中，也就是十八歲以前，列出在情感、理智或生理上曾經支持過你的人或物，可以從幾個方向尋找，如：三代的家庭成員、特定的老師或朋友、寵物、珍愛的玩具、想像的玩伴、書籍、傳記、電影……等。你所列出的人或物的名字越多，意味著你成長過程所受的影響越多，資源也越豐富。[12]

11　出自《薩提爾的家族治療模式》（同註6）。
12　出自《薩提爾的家族治療模式》第246-247頁的引用與整理。

影響輪的畫法如下：

1. 找出影響的人或物

將自己畫在中央，將曾影響你的人或物畫在你的四周，如同輪軸一樣（如圖4-1），但不需如案例只畫六個，可以畫越多越好。

2. 畫關係線

以線條的粗細代表不同的關係，譬如普通、衝突、疏遠、親密[13]（如圖4-1）。

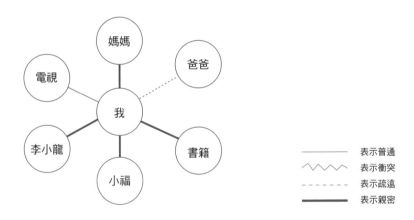

圖4-1　找出影響的人或物及畫關係線

13　此為約翰·貝曼增加的畫法，在《薩提爾的家族治療模式》的版本中，僅以線的粗細代表關係的親密程度。

3. 為每個人／物列出三個形容詞

以你對他們的看法，為每一個人／物列出三個形容詞，並為每個形容詞標示出你認為是正向（＋）或是負向（－）的體驗（如圖4-2），這樣就完成了。

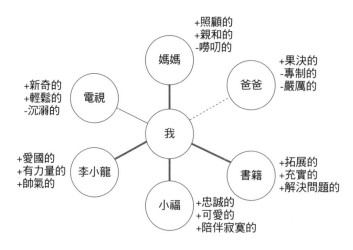

圖4-2　為每個人／物列出三個形容詞

● 分享與學習

畫完以後，可以根據下列的提問，自己進行思索及探索，或是找一起學習的夥伴，兩、三個人形成一個小組，相互分享與敘說。

1. 選擇影響輪中某些你想分享的人或物，簡述與其相關的成長故事，以及他／她／它對你當時所產生的影響。

以上述的影響輪為例，在我童年沒有兄弟姊妹的陪伴，外

出又受到父親的嚴格管制下,「書籍」成為我消磨時光的友伴,只有透過書籍中的故事,可以慰藉我當時寂寞的心靈。從小養成的閱讀習慣,讓我狹小的世界得以「拓展」。同時,增加了許多歷史和成語方面的知識,讓我在學校的閱讀測驗上表現優異,帶來相當「充實」的感受。到了國高中時期,在心理方面的苦悶與困惑,則想要透過勵志、心理、宗教等方面的書籍來「解決問題」。

2. 除了成長過程對你的影響,在你成年之後直到今天,哪些部分還在影響你,成為你的資源?哪些部分成為你的限制?哪些部分被你遺忘,而你想要重新擁有這樣的資源?

爸爸的「專制」轉化成「堅定」,以及李小龍的「有力量」,至今仍然是我很重要的資源,在我工作(工作坊或是個人會談)時,能讓我堅定的相信學員/來訪者所擁有的價值與力量,陪伴他們轉化自己原有的限制,形成自己的正向資源。

過去父親在世時,我必須正襟危坐的吃飯,父親不在後,便可以輕鬆的邊吃飯、邊看電視,逐漸養成了習慣,至今仍會在我工作之餘,容易進入「沉溺」於追劇、看影片的狀態,需要我很刻意去覺察、調整自己的行動。

當我思索我遺忘了什麼資源的時候,從上述的影響輪中沒有找到,但卻感受到一些「悲傷」。我再一次的和這個資源連結,它是我容易變得超理智之時的解藥,來自幼年承接媽媽的「悲傷」,可以連結到我的內心深處、更靠近自己,我很

喜歡時不時的和它連結。

3. **至今仍對你產生限制的部份，是否可以進行轉化，讓它成為對你有幫助的資源？**

我想轉化自己的「沉溺」，於是先去體驗「沉溺」在影片中對我帶來的好處，我在想像中看著自己在看影片，彷彿看到一個小男孩帶著好專注的神情，很放鬆的享受他的美好時光，我有許多悲傷和感動的眼淚，明白這對當年的他，在家中受到父親嚴厲的管教與行動的管制下，是多麼難得的狀態。於是，我帶著疼愛坐在他旁邊，和他一起享受這樣的時光，過一會兒，我溫柔的告訴他，我們再看一小段時間，就去嘗試其他輕鬆而有樂趣的方式，如：看書、運動，或者就是單純的喝咖啡，靜靜的坐著沉思、陪伴自己。對我來說，轉化的部分可以稱為「用放鬆的方式連結自己」。

● ● ●

通常在工作坊中時間不足時，我很少分享「影響輪」，因為相較起來，「原生家庭圖」、「家庭生活年表」、「冰山」以及「和幼年的自己對話」……等主題和方法，是我覺得更為基本和主要的工具，更需要深入的體驗和練習。不過，如果時間允許，或是你有興趣自己嘗試體驗和練習，「影響輪」會是直接接觸我們內心資源的一個捷徑，讓我們更容易感受到自己的豐富，提升自我價值感。

22

你擁有什麼資源？
——資源的蒐集與整合

有一個聽起來有點荒謬的故事，卻是很好的隱喻。

有一個乞丐每天坐在一個老舊的木箱上，在街上向路人乞討。有一天，一個路人經過時，好奇的問他：「你的木箱裡面裝了什麼呢？」

那位乞丐回答道：「應該是一些雜物吧！我不知道！這是很久以前堆在我家角落的破箱子，我看它很適合拿來坐，就一直帶著它。」

那位路人還是很好奇：「那你要不要看看裡面是什麼呢？」

乞丐不屑一顧的說：「有什麼好看的？這箱子封死了、鎖頭也壞了，要打開它很費事！而且，到時候打開來弄壞了，沒法蓋起來，帶著它就更麻煩了！」

這位路人看起來挺堅持的，他說：「你打開看看嘛！嗯……如果你願意打開來看一下，我就給你一個銅板！」

這引起了乞丐的興趣，於是，他為了那個銅板，費力的打開了木

箱子。

後面的結尾你大概知道了，他發現了滿滿的家傳寶藏，這輩子再也不愁吃穿了！

類似這樣的故事很多，都在描述我們捨近求遠，看不見自己眼前或身邊的寶藏，總是相信遠方有著自己渴求的目標，經過長時間辛苦的追尋，才發現了近在眼前的寶藏。

發現內在寶藏

對薩提爾模式來說，寶藏的核心就是「生命力」，是人類珍貴的本質、核心。「資源」是「生命力」遇到現實中的挑戰時，所衍生出的特定型態的能量，這股能量外顯出來時，就是應對挑戰的能力。

過去長久以來會有一種感覺，看見許多朋友，包括我自己，感覺到自己的不足，因此常常去聽演講、看書、學習某種技能、上成長課程等。雖然接收新知與學習技能，是學習和成長必要的過程，但卻常常偏重於外來的知識以及技能，而忽略了自身早已擁有的能力和資源，並且沒能善加運用，想來真是非常可惜！

薩提爾的信念一直在提醒我們：「我們都擁有內在資源，以成功地應對與成長。」[14] 在學習薩提爾模式之後，更加能體驗到這樣的事

---

14 出自《薩提爾的家族治療模式》（同註6）。

實！對我而言，我越來越有信心，去面對工作和生活中的挑戰，是因為我相信並體驗到我的內在早已擁有豐富的資源，不假外求，因而更加的自在、放鬆，更加專注在發揮自己原本的特質與能力上，也因而擁有越來越安穩的高自我價值感。

因此，另一個薩提爾的信念告訴我們：「人性本善。想與我們的自我價值感聯結並予以實現，就必須發掘自身的內在寶藏。」[15] 更是讓我們確認：發現自己的資源以及內在的寶藏，能讓我們更加認可自己、提升自我價值感。

資源從何而來？

薩提爾模式一直在強調內在資源的重要性，但是，很多朋友還是不習慣去發現自己的資源。因為我們大部分人對自己所做到的事情，都太習以為常、太理所當然了，反而是時時檢視自己的不足之處、評斷自己的缺失，導致我們忽略了自己的豐富，看不見自己的價值。那麼，我們要如何發現自己的資源呢？

先說結論：**其實，資源無所不在，也可以說，處處都是資源。**

剛開始，我們可以透過薩提爾模式更有系統的方式去看見和蒐集自己的資源：

從「**個人或家庭生活年表**」中，看見某一事件帶來的衝擊，以及

15　出自《薩提爾的家族治療模式》（同註6）。

從事件當中或之後發展出來的資源。如果找不到資源，就可以問自己：「我是怎樣撐過來，一直走到今天的呢？」這樣一來，就容易找到自己求存活所發展的能力與資源，這樣的看見可以讓自己對該事件有不同的感受，也更能認可自己。

在「原生家庭圖」中，所有對於家人及自己的個性特質形容詞，不論好壞，也都是自己的內在資源。因為從小到大，長期浸泡在同一成長環境，父母及家人們的言行，會被有意識或無意識的吸收進來，因此在家庭圖上寫下的個性形容詞，都來自於充滿情感或情緒的生命經驗，成為你外顯或是壓抑的資源。

在「影響輪」中，所有對於人／物的形容詞，不論正向或負向的，都是我們的資源，就和上述家庭圖中的個性形容詞一樣。

在冰山中的「渴望」，也是重要的資源和能量。當我們連結／體驗渴望時，就會感受到生命力的提升，並且更加確認我們真正想要前進的方向，像黑暗隧道出口透出的微光一樣，使我們更有能量、更堅定不移、更有希望感。

連結「自己」、連結「生命力」，其實可以說是人最核心的資源，或者說是資源的發動機。當我們和自己／生命力連結時，所有的內在資源將會變得更容易被運用，但若是和自己／生命力失去聯繫時，內在資源就會被隱蔽，難以被意識到，或是處在求生存的狀態裡，讓資源被過度運用，而凸顯了它的陰暗面。

如果運用上述的薩提爾模式的方法或概念，去覺察、承認、擁有與運用內在資源，那麼你將會在生活中經常覺察、發現，甚至發展自己新的資源，最終，你擁有容易看見自己和他人內在資源的眼光，就

更能確定**資源無所不在、處處都是資源**。

資源的整合與運用

如果你已經畫過原生家庭圖、家庭生活年表和影響輪，並且已經嘗試探索與體驗了其中的部分資源，接下來，我們可以進行一個整合的過程。以下這個體驗性的過程，是我從香港沈明瑩老師的課程中學習到，再經過自己的體會調整成適合我的方式分享。

1. 建議你將自己的「原生家庭圖」、「家庭生活年表」、「影響輪」謄寫在大張的白報紙上（用對開大小，或至少是四開或B3大小），然後在地板或是大桌子上，把它們攤開並列在你所坐位置的前方。

2. 為自己準備一盒像名片大小的空白卡紙，選擇你喜歡的顏色，可以是單色或多種顏色，用更繽紛的方式，來寫下並蒐集自己的資源。

3. 針對「原生家庭圖」、「家庭生活年表」、「影響輪」這三張圖表，蒐集你所覺察到並願意承認的資源，每個資源都用一張卡片寫下來（重要提醒，不要將幾個資源寫在同一張卡片），並放在它的來源處附近。如果這個資源來自父親，就放在「原生家庭圖」父親附近的位置；如果是來自於某事件所形成的資源，就放在「家庭生活年表」上該事件的附近；如果是來自於某個人或物的影響，就放在「影響輪」上此人

或物的附近。

4. 如果時間比較充裕，可以在心裡一一的和每個寫下來的資源連結，體驗它為你帶來的感受，並且想想和它相關的故事、功能、限制與如何運用。

5. 如果是負向的資源（如：負向的個性形容詞，人、事或物的負向影響力），可以依自身情況（是否有足夠時間？可承受的負向感受強度？）來決定是否要進行轉化。如果在轉化上有困難，或是不太知道可以如何轉化，請參考第21章裡面有更詳細的步驟協助你進行這個過程。

6. 如果已經寫得差不多，可能寫了十幾張，甚至是四、五十張資源卡片，請儘量把它們攤開、不重疊，讓你可以一眼看到三張圖表以及相關的所有資源卡片。花一些時間瀏覽一下，看看擁有這些資源時，你心裡會有什麼感覺？對自己會有什麼不同的看法？

7. 如果你的感受和看法都是正向的，可以嘗試把眼前鋪滿所有資源的影像記在心裡，再閉上眼睛，看看是否也能在心裡重現這樣的影像。如果感覺有些模糊的部份，可以再次張開眼睛看清楚，然後閉上眼睛重現影像，如此反覆幾次，看看感受如何？內在會有什麼樣的變化？

8. 結束前為整個圖像拍照，作為紀念或是提醒，然後將它們集中放置在你為它們準備的家，例如信封、錦囊、小盒子等。

9. 之後在生活中，你偶爾可以像塔羅牌般為自己抽出一張（或數張）牌，和它（或它們）連結，看看今天可以選擇哪個

（或哪些）資源來展現與運用？尤其在面對重大挑戰或困難時，也可以瀏覽和選擇出適合自己此刻運用的三到六個資源，問自己可以如何整合與運用？

小結

再次強調，上述的過程是體驗性的，單純透過閱讀和理解，所能得到的學習不大。所以，如果你有興趣，可以找個適當的時間和空間，為自己進行這樣的過程。當然，如果能找到一、兩位以上的同好，一起進行、再相互分享，那會是更好的體驗性歷程。

如果你對於上述過程有不錯的體驗，那麼「將資源寫在卡片上」的方式，也可以成為你和周遭朋友、學生、孩子談話的輔助工具。過去我曾經在和青少年學生的談話中使用過，他一邊說著自己在生活或學習中的困境或故事，我會在聽到他自己沒有意識到的資源時，提出來和他討論，經過他的同意，將這樣的能力或資源寫在卡片上，放在他前面，等他離開時，就能拿著一疊卡片，感覺像帶著自己內在滿滿的資源離開，這樣的方式可以讓學生感覺到有力量與自我認可。

寫在卡片上的資源，並非是表象上看到的紙張和文字而已，它所代表的是你過去生命經驗的累積，帶著你深刻的情感或體驗。如果你真心相信，就會啟動你內在的智慧、力量與生命能量！

冥想

整合過去、現在、未來的自己

薩提爾自我療癒之路

成為更加整合的自己

我是誰？

我意識到，我是一個混合著不同時空的自己的個體。

當我焦慮時，我把未來即將面對不好情境的想像，帶到此刻體驗。

當我懊惱時，我把過去不能接納的事件和行為的記憶，帶到此刻批判。

我的心思始終游移在未來與過去，很難看見此刻所在的風景，以及連結身邊的人。

當我對伴侶說：「你根本不關心我！」時，我陷進了過去我對兩人相處的不滿足和受傷裡，甚至也深入了在生命早期被父母忽略的遺憾中。

當我對孩子說：「你再這樣下去，以後會變成乞丐！」時，我早已進入了對未來快速而簡化的負面想像。

內在混合著過去、現在和未來的部分，卻讓我誤以為「這就是我！」這樣的理解讓我以為：自己就只能這樣了！很難改變的！

直到有一天，可以明白內在的不同時空，以及它們之間的牽連，我竟然可以穿梭其中，更溫柔的對待、更細緻的了解、更神奇的轉化，逐漸的……感覺到自己更加的完整，

我……成為更加整合的自己！

在本書的最後，內心有許多的感謝與祝福。

謝謝你閱讀這些分享，祝福你在觀念上有所收穫，獲得你喜歡的體驗，且透過練習，熟悉與運用適合你的方法。

以「從期待進入渴望」將你想要的未來帶入此刻，提昇生命能量、清晰前進方向。而「和幼年的自己對話」讓你連結與轉化過去的影響力，解開束縛、擁有選擇的自由，更能主導自己的行動。

從過去、現在到未來，看見你的生命力展現了豐富的樣貌，重新擁有早已存在的豐厚「資源」。

將上述的學習整合並運用於「冰山」的框架裡，覺察與接納當下的自己，持續發展更加完整的自己。引用瑪莉亞老太太的叮嚀：

「永遠記得看重你自己！」

薩提爾模式引導冥想

欣賞感謝自己的成長

和幼年的自己相遇

整合過去、現在、未來的自己

心|視野 心視野系列102

薩提爾自我療癒之路
一場關於連結渴望、提昇生命力、轉化創傷的內在旅程

作　　　　者	張天安
插　　　　圖	張天安、陳沛孺
封 面 設 計	萬勝安
內 文 排 版	顏麟驊
責 任 編 輯	洪尚鈴
行 銷 企 劃	蔡雨庭
出版一部總編輯	紀欣怡

出　版　者	采實文化事業股份有限公司
業 務 發 行	張世明・林踏欣・林坤蓉・王貞玉
國 際 版 權	鄒欣穎・施維真・王盈潔
印 務 採 購	曾玉霞・謝素琴
會 計 行 政	王雅蕙・李韶婉・簡佩鈺
法 律 顧 問	第一國際法律事務所　余淑杏律師
電 子 信 箱	acme@acmebook.com.tw
采 實 官 網	www.acmebook.com.tw
采 實 臉 書	www.facebook.com/acmebook01

I　S　B　N	978-986-507-916-1
定　　　　價	499 元
初 版 一 刷	2022 年 8 月
初 版 九 刷	2024 年 4 月
劃 撥 帳 號	50148859
劃 撥 戶 名	采實文化事業股份有限公司
	104 臺北市中山區南京東路二段 95 號 9 樓
	電話：（02）2511-9798　傳真：（02）2571-3298

國家圖書館出版品預行編目資料

薩提爾自我療癒之路：一場關於連結渴望、提昇生
命力、轉化創傷的內在旅程／張天安著. -- 初版. --
臺北市：采實文化事業股份有限公司，2022.08
336 面；17×21.5公分. --（心視野系列；102）
ISBN 978-986-507-916-1（平裝）
1. CST：自我實現　2. CST：生活指導
177.2　　　　　　　　　　　　　111009754

采實出版集團
ACME PUBLISHING GROUP